5年清掉5千萬債務的**3步驟優化理財術**

從扛債人生
走向財務自由

王姵文（黑媽）————— 著

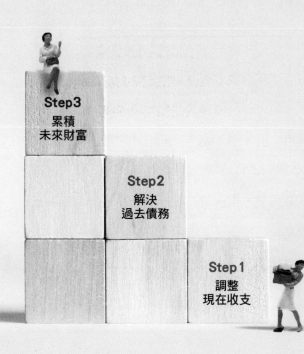

Step3
累積
未來財富

Step2
解決
過去債務

Step 1
調整
現在收支

【目錄】

推薦序　讓她的苦難，成爲你生命中的祝福　劉明智　009

自　序　是債也是愛　011

前　言　學理財，別債苦　015

Part1
從扛債人生走向財務自由

• 解決債務第一步，核心用力！　030

• 聰明用卡，是人生資產的重要根基　033

• 釐清信用債，找到對你更有利的借貸方案　037

• 情緒勒索下的金錢綁架，該如何面對？　040

• 小心 72 法則，負債翻倍再翻倍　043

• 買房就有房貸，但房貸其實不只是債　046

• 沉重債務的一道曙光：卡債受害人自救會　052

• 舉債致富沒那麼簡單！先冷靜想想，你有「壓榨性債務」嗎？　055

• 不得不跑的人生財務馬拉松，分秒必爭　059

- 先理財、先理債,還是先投資?哪個先開始? 061

- 無痛減糖理財,讓財務更健康 065

- 不懂聰明消費,也可以買得剛好,不爲帳單煩惱 067

Part2
調整現在收支──自我檢視 ABC

- 財務體檢:你的財務狀況健康嗎? 072

- 自我檢視 ABC:3 步驟報表,替財務大健檢 075
  A:關注現金流量──檢視你的財務是否中風 078
  　A1:初階──生活支出表(適合沒在記帳的你)
  　A2:進階──現金收支表(適合有在記帳的你)
  B:關心資產負債──你的身價到底值多少 085
  　資產負債表──資產
  　資產負債表──負債
  　財務紀錄──保單備忘錄
  C:檢討投資損益──投資的實際績效 089
  　投資損益表

- 自我檢視 ABC:案例分享 091
  自我檢視 A1:初階──生活支出表:單身的小紅 091
  　從數字看到什麼問題?

怎麼解決財務問題？——從分門別類的支出逐步調整

自我檢視 A2：進階——現金收支表（已婚的小綠）　095

從數字看到什麼問題？

怎麼解決財務問題？——收支不平衡，提升收入，解決眼前困境

補充：初階生活支出表與進階現金收支表的使用時機

自我檢視 B：資產負債表（已婚的小綠）　100

從數字看到什麼問題？

怎麼解決財務問題？——專注增加淨資產

財務紀錄——保單備忘錄

自我檢視 C：投資損益表（投資的小橘）　108

從數字看到什麼問題？

怎麼解決財務問題？——投資帳戶要和生活帳戶分開

看懂數字背後代表的意義　111

Part3
解決過去債務

• 你的錢沒有不見　116

常見的債務種類　117

從心態上釐清你的債務　121

• 開始整頓債務 —— 小黃的案例　123

　理債 3 大基本原則　125

　現金流的債務思考　129

　舉債之後的資金如何運用？　132

• 理債之路決策關鍵

　——從「收入」與「債務支出」的大小關係做決定　133

　小黑的案例——收入 > 債務支出：償還債務＋投資理財　135

　小白的案例——收入 = 債務支出：整合債務＋增加收入　137

　小灰的案例——收入 < 債務支出：盡快尋求法律協助　140

　　債清法第一階段：前置協商或法院調解

　　債清法第二階段：更生或清算

　債清法的目的是保障，不是讓你欠債不還　152

• 擬定還款計畫　154

　設定還款圈目標　154

　如何壓縮還款圈　156

　還款計畫案例分享　158

　　個案 1：37 歲單身小紫

　　個案 2：45 歲單親媽媽小靛

　　個案 3：40 歲已婚小藍

• 4 點提醒，減少理債理論與現實之間的差距　168

認知到真實流量與虛無存量的不同　168

有時吃虧就是占便宜　169

避免被負面情緒綁架　169

富裕與貧窮只有一線之隔　170

Part4
累積未來籌碼

• 財務自由關鍵──增加收入與理財能力　174

你是理財保守派還是積極派？　176

保守派──以家庭責任出發　178

積極派──以財務夢想出發　180

• 建構財務安全網　183

讓確定的保費，帶走不確定的風險　184

如何準備退休金？　186

為什麼一定要自己準備退休金？

退休金準備工具

思考準備退休金的兩大方向

退休是需要被獨立看待的財務準備

保險理財好處多，退休規劃不可少

退休規劃重點提要：以我的退休金藍圖為例

• 資產規劃經驗談　197
　資產規劃地雷1：過度的債務槓桿＋沒有做好稅源準備　198
　資產規劃地雷2：投資過度分散　199
　資產規劃地雷3：與親友共同持有資產、互為保證　199
　預先練習：預見資產背後隱藏的風險　200

• 做好財務災害管理──保險怎麼買？　201
　　第一步：如何決定規畫順序──先解決你最擔心的事
　　第二步：如何決定購買險種──利用特定險種解決特定問題
　　第三步：如何決定保額──取決於你的責任與期望
　關於壽險　204
　關於醫療險　207
　關於進階醫療險　209
　關於意外險　211

• 身後事規劃　215
　如果你是被留下來處理後事的人　218
　如何提前預備好自己的身後事？　219

結語　面對未來的變化，從容不迫　223

讓她的苦難，成爲你生命中的祝福

劉明智

　　姵文（黑媽）是我的同事，我們一起共事了近 15 年，這也讓我有機會長時間觀察，她是如何勇敢面對問題、解決問題；如何堅持完成競賽，贏得榮耀；如何有智慧地做出選擇，克服困難，以及如何樂觀積極地從零開始，從無到有，再次奪回人生的主導權，追求簡單的幸福，並透過自身的經歷和遭遇，讓它變得有意義，進而成爲別人生命中的祝福。

　　透過姵文此次出版的新書《從扛債人生走向財務自由》，在 5 年裡清掉 5,000 萬債務枷鎖的實際經歷，這的確不是一件簡單容易的事！這樣的勇氣與經歷，也絕對可以提供給有相同困境的朋友一個看見曙光的機會、一個重新出發的起點，和一個翻轉命運的盼望！

　　在書中透過檢視過去債務、現在收支與未來財富 3 步驟的優化理財術，讓你得以建構每個人專屬的財務正循環，並

走上未來財務自由之路。裡頭有姵文自己走過負債人生的辛酸，有面對理債經驗的分享，更有她身為保險從業人員多年的財務風險災害管理忠告，這實在是值得每一位想要精進理債理財之道，想要獲得財務與心靈自由的朋友們可以細心閱讀的一本工具書。

尤其對於同樣從事保險業務行銷的從業人員，更是可以從這本書中看到，我們透過保險這項工具的運用，如何幫助人們從容不迫地面對未來的變化。

再一次恭喜姵文推出新書，也祝福這本書的出版能幫助更多需要的人與更多的家庭！

（本文作者為南山人壽區部總監）

自序

是債也是愛

　　每個人的生命歷程，都有不一樣的故事。而我，是個曾經在提款機前面，連一張一千元都提不出來的人。

　　經過二十多年，在我好不容易清償了數千萬的個人與家人債務之後，我也終於體悟到，完全沒有負債，其實不見得代表你財務健康（是的，書裡會進一步介紹何謂健康的債務），但過度負債，又會毀了我們的人生！

　　理債和理財往往是一體兩面，每個現在也都緊繫著過去與未來；面對不知從何開始處理的財務問題，最好的辦法就是釐清自己的現況，一步步拆解面對。

　　這本書就是要帶領你，從如何檢視現在的收支開始，解決過去積欠的債務，到逐步累積未來的籌碼，步上財務正循環。

　　在現代社會有點畸形的總體經濟影響之下，每個家庭或多或少都有債，只是這個債是不是有人幫你一起扛而已。怎麼讓負債適當為人生加分，而非落入貧窮的開端？無論你讀

過看過多少專家學者的書與見解，這都是我們自己必修實踐的重要學分。

你我的求學過程中，都做過很多加減乘除的計算，甚至套用更艱深的數學方程式，但幾乎完全沒有學過債務的相關知識。「負債」這個看似負面的詞彙，大多數人避之唯恐不及；也許你不相信，不過仔細想想，很多負債的起源，其實都源自於愛——

有人肩負著需要長期看護的家人重擔，因此影響工作和收入，耽誤了自己的大好人生；有人因為無法看著家人深受債務之苦，跳出來幫忙分擔家計；如果不是因為愛、不是因為心中過不去的責任感，那麼這些債，也許就與你我無關。

無論對誰而言，理財理債都是需要自己長期抗戰、努力精進的功課，感謝出版社給我機會完成這本理債理財心法兼工具書，將我的個人經驗整理出簡單脈絡，結合我學習過的理論，透過個案分享的方式，協助大家找出財務盲點；書中也提供了理財理債的觀念看法，與你分享我如何看待人生下一階段的退休金準備與身後事規劃，不畏風雨地逐步架構，走過負債之後的新人生。

我希望這本書可以像是你需要時，隨時能翻閱找答案

的自助手冊，所以全書的架構是以現在、過去、未來爲出發點，提醒你金錢與時間息息相關的重要性，並在文中穿插一些財務規劃相關的通用理論與簡單圖表，輔助說明該處的觀念、工具和方法，讓你無論身處人生什麼階段、財務卡了多大的關，都能依個人現況從中釐清問題，找到突破的方向。

書裡舉的每一個案例，包含有些人沒能仔細了解自己的財務現況、明明有資產但收支失衡、積極投資但感覺沒賺到錢、還有幾個背了債務亟欲尋求解方……無論是單身、已婚有小孩、單親，各式各樣的角色設定，都是爲了能用更接地氣的方式，協助你了解應該如何幫助自己脫離財務困境。

只要你願意面對現實，就能從中找出解決的蛛絲馬跡，正視並逐步調整自己的財務問題，減少不必要的摸索時間；又或者至少可以讓你從我的真實故事之中，看到一點即使身處逆境、仍有機會翻身的光明希望。

謹以此書，獻給每一位曾經拉我一把的貴人，和每一個絆了我一腳、逼著我不得不前進的生命苦難。也預祝每一個爲愛背債、願意負起責任的你，都能步上學理財、別債苦的順遂之路。

學理財，別債苦

　　小時候，我的家境十分優渥，就像偶像劇裡的富豪之家，我家裡不但有傭人、司機，還住在有游泳池、籃球場、撞球間和超大庭院的百坪花園別墅。我讀的私立國小，同學也都身家不凡，比成績比體面比高貴。身處在那樣的環境，一切都是如此理所當然。

　　我的母親是徹頭徹尾的社交人才，雖然只有小學畢業，卻白手起家，擁有成功的外銷成衣事業，還同時炒作房地產。她一直留著一頭俐落的短髮，搭配個人風格強烈的穿搭與妝容，總是隨身帶著浮誇的大型化妝箱，每天都把自己打扮得像明星一樣。

　　我的父親則相對沉默寡言，由於受過日本教育，精通英日文，是公認的帥哥，又會與日本人做生意，即使家中主要經濟來源不是他，但因為母親的事業支撐，加上他的氣質穩重又有料，仍相當受人敬重。

　　這種用錢打造出的高品質生活條件，當然不可能憑空而

來。小時候爸媽一忙起來，就常常超過一個星期不見人影，我們大部分時間都只有傭人陪伴；印象最深的就是，我和弟弟常半夜了還坐在長長的樓梯上，就為了等著看剛進門的爸媽一眼，然後再偷偷摸摸地回房間裝睡。

他們很努力扮演好父母角色，除了認真打拚事業，給我們好的生活品質，也在工作之餘，努力創造平實的親子樂趣，例如有時間一定親自下廚，逢年過節也都努力維持家族傳統，家長會之類的學校活動也絕不缺席。倒是我自己天性低調，很不喜歡讓別人看到家裡的香檳色進口車，也覺得媽媽實在太亮眼，對我來說很困擾……

大概從國中開始，我明顯感受到父母之間的關係變緊張了，有時難免擔心，萬一他們離婚了怎麼辦？但即便如此，我年少時的煩惱就僅止於此。

對於一路養尊處優的我來說，相較於身邊同學面對的家庭與現實考驗，我確實已經是人生勝利組！直到高中二年級的風暴來臨之前，我一直都這麼深信著……

13間房產，全數法拍

好景不常，17歲那年，掌權的媽媽突然倒下了。

媽媽在加護病房昏迷21天，爸爸簽了放棄急救同意書。之後，一切都變了樣。

我還記得事發當天的種種細節：外頭下著傾盆大雨，爸爸拖著已半昏迷的媽媽進門，一陣手忙腳亂之中，倒熱水、遞熱毛巾。休息過後，媽媽突然清醒了一下，說想吃點東西，簡單塞了幾顆小番茄和幾口炒飯，但還來不及說些什麼，就又沉沉地昏了過去。

但接下來發生的一切，在我腦海裡成了一段頓時失去聲音和色彩的記憶畫面。快轉起來，就是救護車、醫院冰冷的走廊、守在加護病房外等開放探視時間、放錄音帶呼喚已經全身插滿管子的母親、21天後拔管、她離開時圍滿哭天搶地虛假人群的病床……就像人家說的，少年不識愁滋味，媽媽離開的當下，我一滴眼淚都沒流，就是哭不出來。

剛開始面對家庭巨變時，我還是照常上學，然後只知道，自己應該跟某些同學一樣去打打工、照顧好自己。

其實，當時媽媽名下有多達13間的不動產，照理說擁

有這麼多房產，我們的日子應該不會太難過才是。但問題是：在那個年代，遺產稅率高達 50%！就這樣，我們一家在沒有足夠的現金完稅下，父母打拚了一輩子的資產，最後全數遭到法拍。

接著也像是連續劇一般的劇情，家道中落都是這樣演的：借給別人的錢不知怎麼討回，別人借你的錢一毛也別想躲掉；大概撐到我高中畢業後，開始分擔家計，一開始是賺自己的生活費、學費，成年後就開始了我幫家裡軋票趕銀行三點半關門的日子……

事情剛發生時，我還未成年，不懂什麼繼承不繼承，出社會追錢追了幾年，常常爸爸今天打來要 3 萬、明天可能要 5 萬，而我也只能利用信用卡預借現金，還有當時流行的現金卡來填補資金缺口，一直都在用自己的信用度過難關。到了最後，爸爸再也撐不住時，還經歷過晚上地下錢莊就要來討債了，只能簡單的東西拿一拿、先落跑再說的日子。演到這裡，我的家已經徹底四分五裂。

那段難熬的過程中，我經歷了非常多生活上的不堪和心態上的調適，但我仍然是那個從小就低調的我，周遭朋友幾乎沒人知道我家被法拍，沒人知道我一直在找機會兼差打

工，也沒人知道我其實一點都沒辦法融入歡樂的場合。金錢的現實壓力，沒有人教我該如何面對，也沒人有能力陪我一起處理。

從衣食無缺到提款要找能領百元鈔的提款機；從豪華轎車接送到需要抉擇該給機車加油，還是買飯給自己吃；若不是親身經歷，我不會相信富裕與貧窮只有一線之隔。

還清為爸爸借的最後一筆債

就這樣過了幾年，在我 25 歲的某一天，我接到了爸爸過世的消息！

其實自從爸爸跑路之後，他就一直和朋友住在一處公寓裡，幾乎足不出戶。我分不清他平常要我匯過去的錢，是用來還債還是過生活，但只要我能力所及，就會想辦法生錢給他，假日也會偶爾帶吃的喝的去看看他。我清楚記得，在他生前我們最後一次見面的場景，我還特地繞路，去買了他愛吃的有名海南雞飯便當。

他在睡夢中自然死亡，我和當時還沒結婚的老公一起前去處理。面對既熟悉又陌生的他沒了呼吸，只剩冰冷的軀

體，這一次，我一樣沒有時間哭泣，而且又上了學校沒教的一課：原來人如果在家過世，是要報案叫警察來的。

接下來我為爸爸借的最後一筆錢，是 30 萬的信貸，用來辦他的後事。我花了很大的力氣跑戶政事務所，把早就不知道流落何方的同父異母兄弟姊妹們找來，在殯儀館租了間不太體面的禮儀廳，但心意滿滿地送了他最後一程。

當時身邊就有人提醒我，辦了拋棄繼承，可以輕鬆把上一代債務全都甩得一乾二淨，這樣就只剩下幾筆還在打官司的土地抵押糾紛需要出庭！我已經出社會好幾年，在工作上認真努力，但一直都在負債狀態，所以等父親的後事都結束之後，雖然我在這世界上等於沒有了父母親人，卻有種終於可以呼吸新鮮空氣的感覺。這麼說有點殘酷，但確實因為如此，我才真正掙脫了這條多年的感情債……

接下來，就在父親過世那一年，我做了一次冒險，在結婚前半年開了一家飲料店，幻想用更快的速度翻身！我一直加速，想盡辦法要追上我落後別人一大截的那些年。雖然最後成了一次失敗的創業經驗，但我還是非常感恩這段時間身邊一直有一群好友陪伴，讓我走過沒有家人、只能自己替自己打算的快轉人生。

拋棄繼承之後，我早就因為不想再負債追錢，把信用卡全都剪掉！而一直陪伴我一路走過的另一半，因為擔心我A型金牛座的死硬個性，會鑽牛角尖，為錢煩惱，所以從開店、結婚、懷孕生子、進入保險業，這一段又一段不足為外人道的艱困歷程，他從來沒讓我管過錢這件事，一肩扛起這些會讓我莫名焦躁的現實數字。

　　聽起來很誇張，我明明不是家庭主婦，但身上真的沒有一張提款卡、信用卡！雖然常被朋友告誡我這樣不行，但我確實因為有著另一半幫我撐著，才解決多年的失眠之苦，不再被潛藏的憂鬱纏身。

都拋棄繼承了，怎麼還天外飛來5,000萬債務？

　　婚後幾年，雖然我還在努力追錢，但至少不再需要補無盡的債務破洞，日子過得還算踏實。不過就在我要生老二的前兩個月，突然收到了銀行寄來的執行扣薪通知。

　　原來這筆債務，是當初以爸爸名字借的企業貸款，因為銀行例行作業，追討到我這裡來。我非常納悶，明明爸爸過世後，我都拋棄繼承了，怎麼還會天上掉下一筆債務？

經過了解追查後，我才終於明白，原來債務人雖然是爸爸，但保證人是媽媽；而我是媽媽的法定繼承人，當時我因為未成年，沒有拋棄繼承，於是這筆債就這樣落到我身上。

這一次，一掉就是 3,700 百多萬的本金，外加十幾年下來的利息，累積了近 5,000 萬的龐大金額！執行扣薪的銀行窗口知道了，也只能對我說聲同情，但愛莫能助。

這場晴天霹靂，對我當然又是一次人生打擊！當時是 2008 年，正值政府在修「未成年背債兒」條款之際。雖然新法已執行，但修法仍是一連串漫長的過程，銀行還是積極追討債權，當時的我也只是模糊聽過背債兒條款，看到媒體有些相關案例報導，但是自己適不適用？需要怎麼跟銀行提出異議？怎麼撤銷銀行強制扣薪？這些問題連問都不知道怎麼問。

由於這筆債務金額換算的訴訟費加上律師費，實在太過沉重，而且我婆婆名下有房產，所以當時不適用法扶資格；求助無門的我，也無法放任債務不管，那就自己來吧！於是我開始自己研究法條、寫訴狀，一手包辦所有法務。我也透過貴人幫忙，想辦法走簡易庭，省下了高額的訴訟費。

這一連串難題對於我這個法律門外漢而言，連知道該從

哪裡找答案，都是一段又一段漫漫的研究過程，而這也成了我日後不斷強化自己專業與法律知識的主要原因。

經過 5 年的漫長奔走，終於讓我在 2013 年迎來了勝訴判決，正式擺脫這就算是年薪百萬、也要不吃不喝 50 年才能還清的鉅債！

我能夠就這樣看似一切順利撐過來，最重要的還是感謝我有不離不棄的另一半，也多虧我們當年有勇氣進入保險業，追求成功的可能。

結束這一切惡夢時，我還不到 35 歲，雖然像死了又活過來好幾世，但萬分慶幸我有個莫名崇拜的帥哥老公，還有兩個可愛女兒。

我和先生一起在保險業熬過前幾年剛起步的艱困期，專心衝刺公司業績競賽，也開始享受每天 4 點就接小孩放學的時間自由，兼顧家庭和事業，完成一次又一次的競賽挑戰，年年都接受公司招待出國！

走到這裡，因為一些正確的選擇，我好像已經把人生落後的進度都追回來了！這是狂風暴雨之後，好不容易得到的片刻寧靜。

為你愛的人，做足準備

2016 年，我和先生的事業衝到多年來的高峰。我們在公司擔任要職，累積許多業績競賽獎章，除了前幾年陸續攻下的保險業獎項之外，也屢屢突破自己的保費業績紀錄，甚至還上了像莒光園地一樣的公司視訊。這時的我們已經進入保險業 10 年。那年上半年，順風順水的我們拚到了 3 個出國名額，打算 9 月出團，帶我婆婆一起參加公司的旅遊行程，也準備回來之後，我就要開始準備專業證照考試。

9 月 6 日那天，一個再平常不過的星期二，我和先生早上進公司上班，中午幫兩個上全天的孩子送了愛心便當。下午他和同事一起出海釣魚，晚上回程在船上竟然就莫名沒了呼吸心跳。迅雷不及掩耳，這是老天爺再給我的一記重擊。

仍然是一滴眼淚都來不及流的死亡課題，但這次發生在我最親密的另一半身上。

可能因為我這些年來的人生歷練，加上身在保險業，看過的生老病死沒少過，我知道自己不能就這樣一蹶不振，必須帶著孩子用最快的速度恢復正常生活。

接下來的日子，我帶著當時分別才小二和小四的兩個女

兒，該哭的時候哭，該笑的時候笑，努力把每一天過得豐富精采，不留遺憾。

說來也有許多巧合，我先生走的那年年初，我正好下定決心想理一理家中財務。畢竟結婚多年，我們在保險業打拚許久，兩個小孩都上了國小，我也把多年沉重的債務償清，照理說應該要能開始累積資產才對。先生當家裡的財政部長那麼多年，也許該換人執政看看。

彷彿一切都是老天爺安排好的一樣，我就是在當年一月，才開始練習使用財務報表、記錄生活支出、了解一些我本來都不知道的家庭財務問題。更誇張的是，我結婚這麼多年，到了這時候才第一次知道婚後家庭帳戶的提款卡密碼……

我堅信理清家庭財務是很重要的事，於是打算當年九月開始進行理財證照考試的準備，為自己的專業加分。但所謂意外，就發生在意料之外，在我連證照課都還來不及開始上的時候，先生突然離開的生命課題就這樣降臨在我和孩子身上。

人在面對未知的情況下，總是難免慌張；而我真的很慶幸自己提早了 9 個月，開始了解家庭財務狀況，否則真不知

要花多久時間，才能把我不知道的事整理清楚。

　　快轉到現在，這個生命課題給我最大的體悟就是，你至少要留下就算現在不清楚、以後也能讓家人明白的財務交代，因為在遭逢變故之際，情緒會影響我們的判斷力，而金錢問題偏偏現實得讓人不得不面對。

　　人生的計畫如果不小心因為意外而偏離原本的軌道，穩住財務才能讓你用最快速度重回正軌。

從連提款機密碼都不知道的財務小白，
到成為理財顧問

　　這四年來，我從婚後連提款機密碼都不知道的財務小白，摸索出一些理財心得，並順利考過理財規劃顧問的資格，也透過我自己的親身經驗，輔導許多客戶處理債務與財務問題。

　　2019 年 10 月，我開了粉絲專頁「黑媽家庭經濟研究所」，立志以理債經驗和理財專業，加上保險核心理念，以及債務相關法律知識，協助更多的朋友與家庭盡快脫離負債，步上財務正循環。

因爲收到許多網友提問理債的相關問題，於是也發起一個有點異想天開的「財務諮詢陪跑計畫」，希望可以透過一年的時間，陪伴有財務問題的朋友，一起解決現實中不知找誰商量討論的困擾。

　　這些日子以來，陪跑計畫也慢慢有了一些小小成果，比如有個朋友想創業投資，經過分析討論之後，被我勸退，我想我應該幫他少走很多冤枉路。有個朋友經過我重新爲他擬定還款計畫後，確定可以提早兩年擺脫債務；有的朋友買了太多保險，搞得一團亂，經過我重新調整後，也順利縮小了財務缺口；當然，也還是有朋友聽了建議之後，礙於現實，仍無法勇敢面對……

　　現在我運氣很好地出了這本書，接下來將從輔導個案的經驗出發，從理債理財的觀念心法開始談起，帶大家做一次財務體檢，依你的負債與收入狀況，帶著你從扛債人生走向財務自由。

　　人生是一連串的學習與修練，希望我的生命經驗，能化爲幫助你學理財、別債苦的一股眞實力量。

Part 1

從扛債人生走向財務自由

信用卡不一定只會帶給你債務；
買房就有房貸，但房貸其實不只是債；
銀行可能有對你更有利的貸款方案；
善加運用你的債務，
了解理債理財的心態觀念與積極做法，
終能引領你走上累積財富之路。

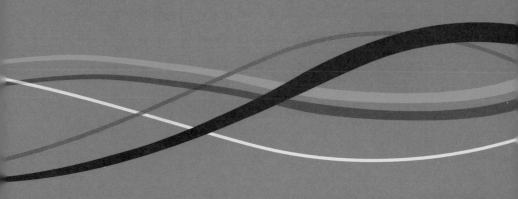

解決債務第一步，核心用力！

我對剛出社會就拚命追錢的日子，記憶猶新。

明明每天都戰戰兢兢認真工作，卻沒有自己能夠支配的金錢，最期待的是領薪日，但最失落的也是領薪日！剛進戶頭的錢馬上被分得一毛不剩，就算認真兼差，感覺還是永遠逃不出深不見底的黑洞。

我很羨慕身邊的朋友，可以常常出國旅遊，每次見面身上都有新行頭，可以隨意挑選聚會的餐廳，而不用考慮預算。好像沒人像我一樣，需要擔心錢的事，反正大家都是自己賺錢自己花，下個月領薪水就又有錢進來了。

其實人真的很怕有比較心態，不知不覺整個人就連自信都沒了。不知是因為喪親還是負債的緣故，我有非常長的一段時間嚴重失眠，認真算起來，有好幾年一天都睡不到 3 小時，直到朋友的媽媽鼓勵，我才正視問題去看醫生。

我印象非常深刻，第一次走進精神科診間，醫生問的第一個問題：「妳最近一次感覺到快樂是什麼時候？」我當下

腦袋一片空白，一句話都說不出來，眼淚卻不能控制地流不停。明明每天還是可以在面對別人時說說笑笑，生日唱歌喝酒這種場合也應對得宜，怎麼我會沒辦法回答這麼簡單的一個問題？

原來「快樂」這兩個字，早就消失在我的人生字典裡。

所幸後來搭配專業的藥物及心理治療，加上身邊有無敵樂觀的另一半，出社會也經過一些生活歷練之後，我的抗壓性越來越強，慢慢也練就一身面對挫折可以笑看人生的重要能力。

事實上，無論是面對債務或是心理問題，這都是一般人不願自揭的瘡疤，但一直拖延的結果，只是讓一切狀況變得更加不利於自己。

債務黑洞原因百百種，常常聽到有些人即使自己生活費都不夠，還繼續借錢給親友的案例，更別說突發疾病意外、拖垮全家的辛酸故事。**在面對剪不斷、理還亂的債務問題時，追究是什麼原因造成的，其實一點都不重要，但最重要的是別因債務而失志、從此一蹶不振地沉淪下去！**

認真想解決債務問題的第一步，絕對是把專注力放回自己身上。如同做瑜伽需要核心用力一樣，要相信自己有解開

死結的能耐，自律的維持原本應該有的生活節奏，才能讓一切僵局有突破的可能性。

在實務流程上，積欠銀行的債務，可以先透過前置協商的機制，展現還款誠意，整合負債，減輕月還款的壓力，讓自己可以有一些喘息空間。

當然，如果你有更嚴重的債務問題，非得走到更生或清算，那就要更積極以法律途徑去面對處理。

千萬記住，核心用力，穩住自己！我們才有機會翻身，擁有不用羨慕別人的人生。

 理債，財會來TIPS

債務發生時，停止追究原因，別再喪志沉淪，把焦點拉回到自己身上，核心用力，穩住自己！才有機會翻身，擁有不用羨慕別人的人生。

聰明用卡，
是人生資產的重要根基

在信用卡、現金卡當紅的年代，我才剛踏進社會沒多久，因為工作收入還算穩定，也跟著辦了人生中的第一張信用卡。

大部分人辦卡可能是為了提升生活品質、為了消費有好的折扣優惠，而我當時卻是靠著信用卡額度在過日子！

那時我 20 出頭，只是個月薪不到 3 萬的業務助理，可是接到家裡打來的電話，就要馬上生出 3 萬、5 萬軋票，所以手上擁有的信用卡，真是我的救星！我除了利用信用卡來批貨做網拍，增加收入，或跟朋友吃飯唱歌換現金，偶爾我真的生不出錢來軋票時，就直接用預借現金功能換鈔票。這些以信用卡來週轉的方式，真的助我度過好幾年難熬的日子。

用卡過日子的那段時間，我常只能繳最低金額，雖然明知循環利息高，不過相信被錢追過的人都知道，真正缺錢的

時候，實在是沒辦法想這麼多。

　　直到爸爸 2003 年身故時，辦了拋棄繼承的我，爲了不想再被卡費綁架，決定把所有的信用卡都剪光，想給自己一個全新的人生，打定主意從此以後不要再靠著信用卡過日子。

　　我當時萬萬沒想到，之後會從天上掉下來近 5,000 萬的鉅額繼承債務，不只讓我過了 5 年被執行扣薪的生活，之前努力繳最低金額撐住的信用，也毀於一旦，導致後來我完全沒資格再辦信用卡！

　　這段經歷，也讓我更清楚信用的重要，等到好不容易打贏官司，又過了好幾年，才有資格重新再辦我第二人生的信用卡，第一次核下來的額度卻只有 3 萬塊……

　　都 30 幾歲的人了，還沒有張像樣額度的信用卡，而且戶頭裡沒什麼錢，是很讓人心慌的。於是我又經過幾年努力，認真刷、認真還，想養出好信用！而在銀行錦上添花的行事作風下，當你擁有了一張 50 萬額度的信用卡，接下來很容易就可以有第二張 30 萬、第三張 20 萬。

　　當然，這並不代表我看到什麼都能買，畢竟正確的用卡是要有還款能力才能刷，不過至少成功重新培養我的信用，

讓自己有跟銀行談判交涉、甚至貸款的資格。

　　一般來說，無擔保的信用貸款額度，包含現金卡、信用卡、信貸，會是平均月收入的 22 倍。如果你跟我一樣，過去曾經因為某些原因造成信用不良，那務必把你的收入穩定下來、建立還款習慣，才有機會可以在未來的某一天翻身，畢竟我們以後想要置產，都得靠銀行根據你的信用貸款給你，這是非常重要的一件事。

　　就我所知，有些朋友因為就職的公司節省雇主負擔，加上這樣一來自己也可以省下所得稅，所以實際收入其實大於銀行存摺裡的薪資數字很多；或是現在因為時薪算起來比月薪高，很多人紛紛投入在銀行眼中不是長期穩定收入的工作；這些我們當下覺得沒什麼的決定，都很有可能在未來的信用分數中變成扣分的原因。

　　另外，無論你是正職或兼差，記得別只做領現金的工作，因為銀行需要看你戶頭裡是否有穩定收入，像是每月固定匯進你戶頭的薪資款項，來評估你的還款能力，所以千萬不能明明有認真工作，卻浪費了累積信用的寶貴青春！

　　你的信用卡都是拿來做什麼的呢？除了食衣住行育樂開銷之外，別忘了這也是你重要的信用資產。就算不能像卡

神一樣用卡賺錢，也要記得善用並控管你的花費，更重要的是，要好好培養在銀行方面的信用分數。

請大家記住我滴滴血淚總結出來的 3 個重點：

1. 好好維護你的信用，別一不小心把這籌碼輸掉了。
2. 別忽略每月固定薪資匯入銀行帳戶並保有紀錄的重要性。
3. 善用信用卡來控管花費，成為你人生資產的重要根基。

理債，財會來TIPS

不過度消費，不延遲還款，利用良好的刷卡習慣，好好培養你在銀行的信用分數。

釐清信用債，
找到對你更有利的借貸方案

　　你身邊有沒有那種非常了解信用卡優惠的朋友？看到朋友總是可以在消費當下，馬上知道掏出哪張卡來刷最划算，除了對結帳日瞭若指掌，甚至還能邊花錢邊賺回饋，我總覺得他們的腦袋清楚得讓人不敢置信。

　　如果最近不小心手滑，刷了筆跟月薪差不多金額的消費時，換作是你，又會怎麼選擇這筆錢的還款方式？

　　你會現金整筆繳？無息分期繳？有息分期繳？還是最低金額繳？我承認，我通常不是選現金整筆繳的那類超理性聰明人，在清楚的遊戲規則下，我們一定會因為當下的考量，而選擇最適合自己狀況的還款方式！

　　當然，不用多說你也知道，只繳最低金額是最差的選項，姑且不論過去發生過什麼，但如果你已經身陷這樣的惡性循環，至少代表你還在努力維持信用！那麼，有什麼方法可以加速脫離循環卡債的困境呢？

大家應該常接到銀行打來希望你借錢的電話，其實只要你有薪資、信用卡、支票、車子、房子等任何一項可視為資產的東西在身，人人都能成為銀行放款的準客戶名單！

也因為借錢其實並不難，所以許多人很容易經不起誘惑，可能聽到了很低的月還款金額，就簡單填一填線上資料回傳，馬上就能換一筆讓手頭鬆一點的資金回來！這種輕率的負債方式當然不可取，但如果方向正確，卻可以是我們理債的好工具！

其實我一直沒有很明白，為什麼車貸總可以貸得比直接把車賣掉的殘值還要高？也不知道為什麼銀行總有「卡友貸專案」，可以讓你降利率又展年期來還卡費？當然，我們也可以認定這背後有陰謀論，反正銀行一定有賺頭，不可能做賠本生意；不過據我所知，有時我們把以前欠的債放著，才真的是讓銀行賺很大！

假如你手上有只繳最低金額的信用卡債，建議你不妨可以向自己有往來的銀行去了解看看，通常各家銀行都會有些信貸方案，借款條件比你現在繳的利率來得更好！只要簡單了解一下可貸的額度、期數、利率、開辦費，確認清楚是否綁約，算一下就知道，是不是有讓卡債解套的機會。

但請務必注意，別不小心落入貸更多、還更久的陷阱，記住「刷得少、還得快」的大原則，才是解決卡債最有利的策略！

　　沒有信用債問題的朋友，若有沒錢也能刷的信用卡，記得要小心謹慎面對刷卡借貸的便利性！同時別忘了聰明刷卡，也能適時成為幫助你人生開始累積資產的重要根基。

理債，財會來TIPS

向銀行諮詢對你更有利的信貸方案，搭配「刷得少、還得快」大原則，才是解決卡債最有利的策略！

情緒勒索下的金錢綁架，
該如何面對？

　　從事保險業多年，我總是有機會在第一時間了解客戶近況；無論是健康問題、家庭關係磨擦、金錢資產變化，我每天都在接觸不同的人生故事，也因此成了客戶的朋友或傾訴的對象。

　　電視上演的、報紙上寫的，很多我們覺得很扯、很不可思議的劇情，確實都在周遭人的日常中發生，只是人們家醜不外揚、報喜不報憂；用第三人的客觀角度來看，也難以想像當事人為什麼把自己弄到這種地步。

　　大家常看到「情緒勒索」，也都了解意思，但當碰到的是更進一步的「金錢綁架」時，又該如何面對？

　　感情債是所有債務中最剪不斷、理還亂的一種；當這難解的習題除了影響情緒，又進一步扯到錢時，情況之複雜，當事人往往已無奈到只能放棄掙扎。名門貴族用錢要求媳婦生兒子的金錢綁架，比起來都算好的！最無助的，常是家人

有補不完的財務漏洞，一次又一次綁架了你的金錢，尤其是當現在的求職環境，拚個好幾年還不見得能加薪 3,000 塊，但家裡一通電話，就要你補個 3 萬，這種情況隨處可見。

如果你也屬於故事百百種，但爛攤子收不完的那一種，真的需要一點策略來適時止血。這裡不是鼓勵你做到情感上的斷捨離，而是要先穩住自己，才能更長久地完成你想盡力照顧家人的心意。

我們曾做過傻事，因為家人需要，把車拿去當舖借錢週轉，結果撐不過每星期產生的高額利息，又再想辦法找人借錢還債。甚至也曾因為相信親友，借了支票，最後連銀行的信用都賠掉。當車可能會沒車、抵押房子可能會沒房、借支票可能會沒信用，那直接借錢呢？大部分時候你可能躲不掉，不過就盡力而為吧！

以下兩大原則，可以在你心軟時保護自己：

1. **別一次全給**：萬一家裡有需要，一次給 300 萬跟每個月 3 萬，差別是一個幫了一次，就沒辦法再幫，一個則是幫了長長久久。哪一個比較不會被情緒勒索？你也許期待給了這麼多錢了，應該夠了吧，但結果通常是跟金額呈反向

關係。你一次幫越多，家人就會跟你要越多！不如細水長流，讓家人感覺到你有心幫忙就好。

2. **設定付出底限**：通常有感情債的人，特徵就是容易心軟！如果你也有這種特質，應該設定能付出的底限，例如每月收入的最多 10%、20% 等，因為這種長期抗戰、負責到底的結果，通常會換來長期的財務困境。所以，心軟一定要有原則。

當然，我還是相信善的循環，現實生活中的金錢難題，我們一定能找到方法算出答案！能一肩扛起責任的你，也絕對值得美好人生。

💡 理債，財會來 TIPS

遇到金錢綁架，守住「別一次全給」「設定付出底限」兩大原則，讓一肩扛起責任的你，也能照顧好自己。

小心72法則，負債翻倍再翻倍

有在投資理財的朋友，應該聽過「72法則」這一簡易公式，能用來約略計算資產何時可以翻倍。

簡單來說，如果你手中持有6％投資報酬率的理財工具，72除以6等於12，代表這項投資大約持有12年，就可以讓你的資產翻倍。

投資上常用72法則來計算績效，但其實這條法則套用在負債上，也完全成立。

假如今天你不小心因為過度消費，而讓自己的債務負擔過重，最後只能繳最低應繳金額，來維持自己信用並維持生活品質，這代表你已進入了循環利息的老鼠圈裡，需要花點時間才跑得出來。

運用72法則簡單算一下，假設不得已落入老鼠圈的信用卡利率是12％，72除以12等於6，代表只要6年，我們的債務就會翻一倍。

我們以A、B兩位上班族為例：

A 拿 100 萬投資，報酬率 6%，12 年翻倍，12 年後有 200 萬資產。

B 借 100 萬出來，借款利率 12%，6 年翻倍，12 年後有 300 萬負債。

原本只是 A 有 100 萬、B 沒有錢去借 100 萬，但 12 年之後卻有 500 萬的財務差距，看起來只是數字變化，但在真實人生裡，重點在於浪費了我們可以打拚累積的時間。

這法則放在理財投資，覺得資產增長有夠慢；但放在計算負債狀況，卻意外地成長飛快！

過去有非常多卡債族，都因為沒有精算，加上以卡養卡，最後債務就像在溫水煮青蛙，莫名其妙翻倍再翻倍。仔細想想，大部分的人對於薪水要翻倍，都不敢奢想！但債務卻是不管它就會不小心一翻再翻，實在可怕。

即刻面對你現有的不良債務，盡快調整生活收支的不平衡，絕對是人生的重要課題。靜下心來，為自己的財務現況來個大掃除，聚焦壓在你心頭的債務大石，好好鼓起勇氣面對吧！

理債，財會來TIPS

不只投資理財適用 72 法則，負債也要小心落入 72 法則。

即刻面對你的不良債務，調整生活收支的不平衡。

買房就有房貸，
但房貸其實不只是債

我曾透過一群大學生在課堂上的調查問卷，發現一些有趣現象。

問卷問題設計的目的，主要是想了解大學生短期和長期各有什麼樣的理財目標？這個目標需要多少錢才能達成？又預計透過什麼樣的理財投資工具達成？

看完這些問題的答案之後，可以發現，絕大部分的人在長期目標都會填上「買房子」！這答案有什麼好奇怪的？買房子本來就是應該要達成的目標啊！我一直以來也是這麼想的，總覺得這輩子至少要拚間自己的房子。但我忍不住推測，是不是因為這群還在學校的孩子，還沒經過社會洗禮，所以還單純天真，以從小被教育的「買房子」為人生目標。

我想表達的是，其實台灣的教育並沒有想像中多元開放，大家的目標很一致，國中生還是會被教育要讀建中、北一女，從 20 歲到 50 歲，一桶金的目標都是一百萬，也都覺

得買房子是成功指標。

當然，現在慢慢也有不願被房子綁架的新潮想法在我們身邊流行。

大部分人常是存到了自備款之後，就看房買房，好不容易看到喜歡的房子，當然是趕快找銀行估價、談成數、談利率、談年期，然後簽下去！礙於第一次買房，需要考慮的條件比較多，又要掛心很多裝潢搬遷細節，所以大多數人不會花太多時間研究房貸，甚至很多人連房貸壽險是什麼都不知道！

如果你看到這裡，當初買房時，也真的如我所說的直接簽下去，那麼建議你，可以找銀行了解看看，因為據我所知，現在有非常多元的房貸類型可以選擇。接下來我想跟大家介紹，房貸可以不只是負債。

四年前，我因為另一半身故，加上房子租約即將到期，於是我以意外保險金當自備款，用最快的速度買了房子，讓孩子與我安定下來。這當中要感謝有好朋友陪我瘋狂看屋，短短不到 3 個星期，都忘了看過幾十間房子，連續下了兩次斡旋金，還經歷我完全沒經驗過的小房間價格談判，最後順利買到心目中理想的房子。

由於保險業務的工作沒有底薪，並不好貸款，而且我希望以高一點的成數爲優先考量，所以完全沒用到青年首購，就直接貸了利率較高，但符合我需求的方案。

　　我的房貸是貸 945 萬，30 年期，利率 1.98％，每月本利攤還 35,000 元左右。

　　看到這裡，一定很多人覺得我幹嘛不先還利息？利率怎麼那麼高？應該不要貸到 30 年那麼長！不過，我考量到自己一個人要養兩個小孩，要面對的是我未知的景況，急於出手買房已很勇敢，所以當時只想盡快安定下來就好。

　　在我有了房貸壓力之後，我慢慢去了解身邊朋友的選擇條件，自己也做了一些功課，結果發現一個更適合我的方案，於是前陣子才剛做了轉貸，開始我的「理財型房貸」之路。

　　我看上理財型房貸的原因有 3 點：

1. 可以在我還本金之後，空出本金額度，讓我未來有需要都可以隨借隨還。
2. 我不用擔心未來個人的收入狀況不穩，而沒有再貸款的能力。

3. 不用害怕房價萬一走跌，房子不值錢沒辦法再增貸。

　　為什麼這 3 點感覺都還是準備從銀行借錢出來？這正是《富爸爸，窮爸爸》這本書提到的，能讓錢再流回你口袋的才叫資產。如果有天碰到股市低點或有更好的投資機會，但我手邊沒現金，理財型房貸就是我可以運用的籌碼之一。

　　進一步舉例解釋，假設我每年還了本金 20 萬，10 年下來共還了 200 萬，如果是一般房貸，可能會因為一些外在的條件，影響我想再貸款的額度；理財型房貸則是確定這 200 萬一定貸得出來，只是可能負擔的利率會比較高。

　　不過我還有一個原則是直接本利攤還，逼迫自己在還有工作能力時，趕快多還本金；我也買了足夠的保險，確定自己萬一發生事故，房子不會被法拍，利用理財型房貸替自己未來做好另一個資金準備。

　　我曾經對出社會有一段時間的社會人士，做過一份「關於債」的問卷調查，結果發現，居然有高達四成的人勾選完全沒債務！

　　雖然我想研究的是負債，但對於這麼多人「無債一身輕」也感到好奇——因為以統計報表的年齡層來看，這年紀

的人都工作一段時間了，應該多少會透過適當的負債來買房、買車才對，這是不是代表有很多人擔心自己的還款能力而原地踏步，不敢置產？什麼債都沒有，是不是因為恐懼未來，沒信心承擔過多責任？這些沒有債務的人都把錢分配到哪裡去了，無債人生真的就過得一身輕了嗎？

事實上，買房不買房，誰對誰錯，很難衡量。尤其我咬牙買了房之後，看到同社區房子出租，竟然只要用我每月房貸的一半金額就可以租到，這時難免會有點懷疑自己做的決定到底對不對？

我非常贊成拚一間自住的房子，但除此之外，我對房地產這項投資工具，其實仍然有點恐懼。

雖然我很羨慕包租公包租婆每月都有被動收入，又有機會做房屋買賣、賺價差，不過因為我自己原生家庭的負債經驗（當時家中 13 間不動產，因為媽媽突然倒下，又做了太大的槓桿，最後全化為烏有），讓我覺得房地產真的是需要謹慎看待的投資工具。

當然，還是有很多人因為房地產賺到錢，我也相信其實最危險的地方是自己的口袋，金錢只要能夠透過任何你所了解的工具留下來，都是好事。

面對「買房」這大多數人設定爲長期目標的夢想，除了最前面的頭期款需要花力氣去準備之外，後面要背負的房貸其實也有很大的學問。畢竟是我們這輩子心甘情願去背的債，而且金額通常也不小，可以的話，也跟你的往來銀行了解一下自己的房貸，有沒有更新、更有利的方案。

　　你的選擇不見得跟我一樣，但也許能找到更適合自己資金規劃的可能性！

理債，財會來TIPS

房貸不只是債，也可以成為你的資金來源。向你的往來銀行多了解現在有什麼房貸方案，你也許會找到更適合自己的資金規劃。

沉重債務的一道曙光：
卡債受害人自救會

　　因為自己有過背債多年的經驗，加上鑽研理財規劃上的專業，引導我開始走上財務諮詢這條路。

　　這些日子以來，接觸越來越多的個案，也看到了更多更糾結的人生故事，有很多難以處理的複雜債務和財務糾葛，讓我覺得需要更深入了解法務，提供給這些朋友需要的協助。

　　各式各樣原因積累而成的大小債務，有時只因一再拖延，而讓原本可控制的狀況像滾雪球一般愈滾愈大。其實大部分時候只要願意積極面對，理債又同時理財絕對是可行的，但有些債務還真的是大到這輩子都還不完，或是因為個人境遇、實在無法以一己之力處理，就非靠法律協助不可。

　　以我個人求助於法院的經驗來說，無論是奔走的時間、對法律條文的不了解、甚至是提起訴訟或是律師諮詢的費用，都是一個又一個和著辛酸血淚的難關。慶幸的是，我過

去這段周旋於銀行和法院的過程，也全都成爲我現在可以協助他人的養分。

我在研究關於債務更生和清算的法案時，也意外發現一個已在這領域深耕多年的免費服務團體「卡債受害人自救會」。我去參與他們公開的定期會議，收穫良多，也分享給大家！

「卡債受害人自救會」除了可以現場就個人狀況，向律師諮詢，也可以了解更多債清法相關知識，並且進一步申請法扶的免費專業協助。

經過我探路之後，我知道這絕不是那種門前掛著中華民國招牌的假法扶真代辦（沒錯，坊間有許多掛羊頭賣狗肉的機構，急著處理債務的朋友，千萬小心不要病急亂投醫，找錯求助對象）。我陸續介紹幾位有即刻需要處理債務問題的朋友，前往了解自己的法律權益。如果你也有認識的人需要幫忙，應該讓他們知道有這樣的資源，讓有沉重債務的朋友們，知道前方還有一道曙光，鼓起勇氣面對塵封已久的問題。

有需要的請自行追蹤「卡債受害人自救會」臉書，相信你絕對會像抓到浮木一樣，在茫茫大海裡更有安全感，找到

方向。

理債，財會來TIPS

急著處理債務的朋友千萬小心，不要病急亂投醫，找錯求助
對象，讓個人債務雪上加霜。

舉債致富沒那麼簡單！
先冷靜想想，你有「壓榨性債務」嗎？

從幼兒園陪著兩個小孩親子共讀學ㄅ、ㄆ、ㄇ和數1、2、3開始，到現在她們長大成一個國二、一個小六，我一路上踩著不讓孩子去安親班的底線，除了每天趕3點半下班接送和晚上打仗煮晚餐之外，也多少參與孩子學校的進度和課程教材。但我一直很納悶，為什麼學校教小孩反毒，卻很少教理財相關內容？明明比起來，天天都會接觸到的金錢知識，更應該教給孩子才是。

我在與個案洽談諮詢的過程中，藉由對彼此的相互認識與了解，也發現許多人很不一樣的生活方式和觀念。果然，書是死的，人是活的！就像數學課本上的角度單元，我覺得在生活中只有打撞球時有用；而為了拿專業證照讀來的考題理論，跟現實生活的理財實務操作，也存在不少差距。

我們常聽到客觀第三人大談自己的理財觀，例如，批評怎麼有人只存現金不做投資、買儲蓄險很笨應該買股票等。

其實，這就像一個客戶提出需求，交給 3 個保險業務員規劃一樣，最後很有可能得到 9 種建議方案！但你才是最了解自己要什麼的那個人。

最近我讀了朋友介紹的《舉債致富》，聳動的標題並不是我喜歡的中性觀點，但也真的很引人好奇，書中分享的究竟是怎麼樣的理財觀？畢竟「舉債」似乎是有錢人用錢滾錢的手段之一，而大多數有資產的人，也都會善用舉債方式來增加身價。

在整本書裡，我覺得有個重點需要特別提醒大家，就是「壓榨性債務」。該書作者在書中提到，很多你聽過關於債務的恐怖故事，都是因為下列 3 種常見狀況中至少發生了兩種以上：

1. 淨財富不足稅前所得的 50％。
2. 持有壓榨性債務。
3. 沒有足夠的流動資金或儲蓄，因應財務危機。

壓榨性債務和健康的債務，應該怎麼分辨呢？簡單來說，主要差別在於一個是被現實所逼、不得不借的債務，一

個則是有能力負擔而刻意利用的舉債。例如，一樣是信用卡債，如果是因為到了月底沒現金而刷，那它很可能因為時間推移，累積成壓榨性債務；若你口袋有錢，只是利用刷卡累積現金回饋，那反而是有利可圖又能累積信用的健康債務。

而「壓榨性債務」又比手上沒有足夠的流動現金或積蓄來因應財務危機等問題，來得更加明確且嚴重，真的會把人拉進債務黑洞，也是我們一直跑不出老鼠圈的主要原因。

健康的債務和壓榨性債務，雖然一樣是債，卻讓身價大不相同；有計畫地逐步處理壞債，比急著投資理財重要太多！試想，如果背著 10% 以上的債務利率，卻在追求不見得能有 10% 的投資報酬率，這樣怎麼可能有機會舉債致富？

在這資訊爆炸但又斷章取義的時代，我們看待每件事，都需要練習延伸到框架外的反思。希望學校除了提高升學率和降低吸毒率之外，也能讓孩子的理財觀打好基礎，少點出社會摸索碰撞的時間。

理債，財會來TIPS

舉債致富沒那麼簡單！分清楚你的債務是健康的還是會壓榨你，有計畫地逐步處理壞債，比急著投資理財更重要。

不得不跑的人生財務馬拉松，
分秒必爭

　　我們所謂有興趣的事，通常一開始都源於自我或他人的肯定。一個小孩會奮發圖強，認真唸書，也許是因為好成績讓他得到優越感，也可能是因為希望別人看到他的努力，而得到讚美。任何一種表現的優異成果，若不是始於你有較為突出的天賦，可能大多數還是得靠周遭環境和自身努力來造就。我的學生時代打籃球、打排球，熱愛團體運動和夥伴一起追求勝利的感覺，國中時期瘋到颱風天也都去打球，年少輕狂總是對執著的事有滿腔熱血。

　　不過也不是每個人都愛運動，沒有在場上的人，不會理解這些瘋狂的，就如同我一直都沒有愛上跑步這件事，只能在場外觀看別人越來越進步的成績。

　　近幾年流行的馬拉松、三鐵，都是很多人會選擇的熱血運動項目。在馬拉松這項運動當中，配速是基本常識，好手們在追求完賽的戰略也很多元，平均配速、分段配速、前快

後慢、前慢後快，各有巧妙不同，當然包含比賽的場地、氣候，也都是學問！

雖然我不愛跑步，但我們每個人一直都在跑一場不得不上場的財務馬拉松，也難免會發現，身邊有些人早就快得讓人看不到車尾燈，落後的我們，即使視金錢如糞土，為了生活，也不得不為了繳出一張不要太差的成績單而跑。

在場上沒有亮眼成績，真的很難兩眼有神、腳步堅定地繼續前進，但如果能修正過去的錯誤，並事前設想未來可能碰到的各種突發狀況，那麼成功完賽、達成你心目中財務標準的機率就能大大提升。

人生財務馬拉松比的不只是體力，更是心理素質。而我所說的分秒必爭，不是比誰可以更快速地抵達終點，而是比誰更有意識地往前邁進，對這場比賽自始至終，保持熱血沸騰。你有沒有興趣不重要，人生的財務馬拉松，你不開始跑，是永遠不會懂的。

💡 **理債，財會來TIPS** ⋯⋯⋯⋯⋯⋯⋯⋯⋯⋯⋯⋯⋯⋯⋯

人生的財務馬拉松，今天就邁出第一步。你不開始跑，是永遠不會懂的。

先理財、先理債，還是先投資？
哪個先開始？

　　我在與個案溝通的過程中，常討論究竟要「先理財還是先理債」的問題。

　　當然，我知道大部分人都希望透過投資，快速累積財富，最好直接有明牌可以跟。尤其現在資訊爆炸，每天都接收很多來自四面八方的訊息，你一定也常在網路上看到讓你眼睛為之一亮的投資方法。

　　我們在市場上常聽到一些強大的推銷話術，總有客戶拿出無風險、保證回本、利率 20% 以上、不用管理就能賺錢的投資方案……

　　姑且不論這些內容是投資術還是詐騙術，你說，這些高投報的數字與保證，怎能教人不心動？

　　我也在網路上看過一位保險專家，口沫橫飛地把儲蓄險講得一文不值，讓身在保險業的我，為如今網路媒體的重口味捏一把冷汗。

一方面是因為我已把保險這項工具從上到下、從左到右研究了十幾年，即使不懂的還有很多，但至少有足夠的判斷能力，看得出這位保險專家怎麼斷章取義，知道除了他所講的內容之外，其實還有更重要的東西。

基本上，沒有任何的投資工具可以絕對保證你在 10 年以後能有多少錢，因為過去真的無法代表未來；10 年後，當你需要用錢，跟你掛保證的人也不見得還在你身邊。而儲蓄險的主要價值就在於，這是一筆確定在未來可以拿到的錢，這個保證的變數只有你自己一個，只要你不動它，10 年後它就在那邊等你花。

我的想法是，任何商品都有其功能，且絕對各有優劣。每個人的金錢其實就在「收入」「支出」「資產」「負債」這 4 個象限裡流來流去，原則上，只要你會基本算數，就知道該怎麼變有錢，但我們常因為一些刻板印象或周遭親友的失敗經驗，就自斷手腳，不願觸碰一些金融工具。

挑食沒關係，不過全部都不吃就不行了！

以我自己為例，因為小時候家裡 13 間房產全都慘遭法拍的經歷，所以我特別不喜歡以房地產做為投資工具，更不喜歡大房子，這輩子房地產投資可能都與我絕緣了。但我還

是會找機會聽聽房地產講座，讓自己有了解這個投資選項的機會。

我在理債過程中，也強迫自己邊學理財投資，我把錢投入過基金、股票、外幣、保險，其中保險這一項，我依舊每天都在學，近兩年也學了股票的技術分析。其他比較高槓桿的投資商品，除了在投資書上讀過，也會為了幫我的客戶了解商品，偶爾做功課。

我一向認為，要學就要找在那個領域成功的人學。不要因為聽了投資失利的人說不好，就不敢嘗試，更別因為有人告訴你這種東西不用學，就直接把你辛辛苦苦存下來的錢全權交給別人代你操作。

先理財、先理債，還是先投資，每個人心裡的優先順序不見得相同，但終極目標都是為了提高我們的財富價值！我個人貪心地認為，這些全部都該同時進行，但無論你選擇要從哪個方向先開始，別忘了先理好自己，花心思多學習，絕對是最值得的一種投資！

理債，財會來TIPS

先理財、先理債，還是先投資，每個人的優先順序都不同，不要偏食，別忘了先理好自己，花心思多學習，絕對是最值得的一種投資！

無痛減糖理財，讓財務更健康

酸甜苦辣鹹，這幾種味道，如果以直覺選擇，代表快樂的一定是「甜」味。

螞蟻認真工作、蜜蜂努力採蜜，追到的甜是為了眼前的生存；而我們呢？追到錢來生存，當然也該用錢來買我們眼中的甜。

每個人喜歡的飲料甜度不一樣，在日常生活中能被療癒的甜更不同。對你而言，什麼是你生命中的甜呢？

無論你心裡的答案是什麼，所有的喜悅和小確幸，都免不了需要金錢來實現。也許是手指滑一滑就送貨到府的購物慾望，也許是假日就得出門跟朋友約會，看場電影、吃頓大餐，又或許是每年非得花光積蓄出國一趟旅行……犒賞自己絕對是必須的，不然真的很容易不知道為誰辛苦為誰忙。不過如果你心情好，就想來點甜；心情不好，也想來點甜，常常一不小心，原本療癒你的，最後卻變成了沉重的罪惡。

如果你以為的甜度正常，已經讓你對財務現況感到憂

慮，先別急著一下子就用無糖來苛求自己！因為人的習慣，本來就不是一朝一夕能夠改變。

如果願意調整，不如一起來試試「減糖理財」吧！

應該怎麼應用？我們來舉些例子：方法其實很簡單，本來每天都一定要花的費用，也許改成每週或每月；一次習慣花 1,000，試試改成花一半 500。

你本來每天都購物刷卡，試著一星期不刷卡。

你本來每週都要看電影，試著一個月去兩次。

你本來每月都要去大賣場，試著兩個月再去一次！

很自然的，你會發現自己還是可以過一樣的生活，但因為這個減糖的自我練習，就讓你的開銷少一半。

從 7 分糖開始，慢慢減到半糖，一點點小小的無痛調整，就有機會讓我們的財務慢慢變健康！

理債，財會來TIPS

你以為正常的金錢甜度，可能已經讓你的財務出狀況了！每次少一點的「無痛減糖」，讓你財務慢慢變健康。

不懂聰明消費，
也可以買得剛好，不為帳單煩惱

前幾天手滑，今天就收到了兩件包裹。今天買、明天到，滑一滑就拿卡出來刷，這早就是種生活日常，也可說是人手一機又上網吃到飽最大的後遺症之一。

許多人都很享受那份拆開全新包裝、拿到新商品的感覺，可能是你本來就愛收藏，或是剛好遇上網路商店給了漂亮折扣，當然大部分情況是你真的需要。

因為金融科技的進步，金錢對我們來說只是在螢幕上變動的數字而已，毫無痛感的消費，加上收到禮物的喜悅，總是讓我們把收到帳單的煩惱拋諸腦後。

其實我不太懂得聰明消費，常在網路上買到不是最便宜的商品，更不了解信用卡怎麼刷最優惠，但我喜歡上網買東西，既便利又省時間，可以讓我有效率地把欠缺的東西補齊。

像這類確定是「需要」的消費，我都以機器人一般的邏

輯來做決策。例如，我最近買了兩只錶，是因為我原本上班戴的錶，錶帶斷了；我也才剛買兩個可以裝電腦的公事包，因為我原本的電腦包提把也快斷了！壞掉的東西買新的替代，自然是理所當然，也絕不是奢侈花費。

不過，為什麼我一次都不只買一個？這是因為我覺得購物實在非常花時間，為了不浪費時間逛網路商店，我總是習慣直接一次買好兩個同款不同色。

其實，我這種機器人購物法，不太符合人性。很多時候，我們不見得會等到東西壞了才買新的，結果就是逛的機會越多，消費的次數也越可觀，畢竟網路上有太多誘惑，讓人直想不如都買來試試看好了！這個好像很好用、那個好像很特別……就這樣滑呀滑的，不知不覺購物車又多了好幾千。

還有點理智的人，可能會冷靜一下，先放進購物車，晚點考慮清楚了再結帳；衝動一點的人，就乾脆先湊免運，直接下單了！

我們這麼辛苦工作，當然有對自己好的自由。那麼有什麼好方法，可以讓我們買得剛好，又不為下個月的帳單感到焦慮呢？可以的話，把只是「想要」的購物習慣，變成集中

在特定節日才能做的事吧！例如，二月是情人節、某個月是你生日，精心為自己挑選禮物，享受購物過程和拆開禮物的喜悅。

　　讓購物變成你善待自己或家人的生活儀式，從一般的日常變成特別的驚喜。小小的改變，也許會讓你的人生下半場，得到「不為錢煩惱」這份大禮，成為自己生命的祝福。

理債，財會來 TIPS

讓購物變成你善待自己或家人的生活儀式，養成平日不隨意花費的新習慣，也許會讓你人生下半場得到「不為錢煩惱」這份大禮。

Part 2

調整現在收支
自我檢視ABC

工作這麼多年，你賺的錢跑到哪裡去了？

現在，

透過自我檢視 ABC 三步驟報表，替你的財務現況做一回大健檢：

檢視財務是否中風、你的身價值多少、投資績效有多高，

是走出債務、開始理財的第一步。

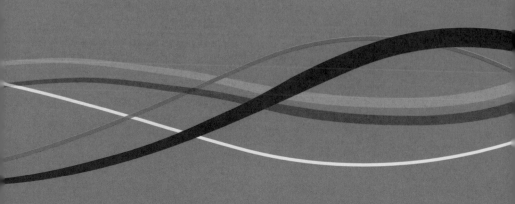

財務體檢：
你的財務狀況健康嗎？

仔細思考自己是否具備以下條件，你能穩穩踏上幾個財務階梯？檢測你的財務健康度，看看這本書能帶給你什麼？

【圖 2-1：財務健康 5 階梯】

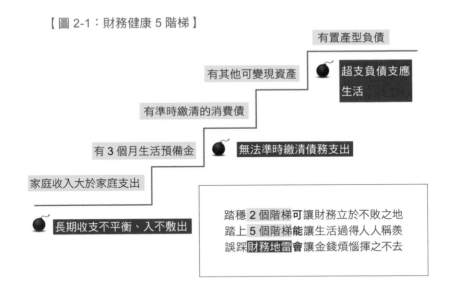

有置產型負債

有其他可變現資產

超支負債支應生活

有準時繳清的消費債

有 3 個月生活預備金

無法準時繳清債務支出

家庭收入大於家庭支出

長期收支不平衡、入不敷出

踏穩 2 個階梯可讓財務立於不敗之地
踏上 5 個階梯能讓生活過得人人稱羨
誤踩財務地雷會讓金錢煩惱揮之不去

階梯 1：家庭收入大於家庭支出。

階梯 2：有 3 個月生活預備金。

階梯 3：有準時繳清的消費債。

階梯 4：有其他可變現資產（如：股票、基金等需要用錢時就可以贖回變現金的資產）。

階梯 5：有置產型負債（如：房貸，購置有機會增值的資產而來的負債）。

・ 五階都踏上，財務非常健康

你有管理好自己收支的能力，並且懂得善用適當的槓桿享受生活。持續你的理財之道，一定能讓你的財務繼續健康下去！你可以透過本書最後「累積未來的籌碼」該部內容，了解如何架構你的財務安全網，控制好未來不可知的風險。

・ 踏上某幾階，財務安穩狀態

你有追求美好生活的基本條件，但現階段可能還沒找到讓財務穩健成長的好方法，無論是理財或理債，都是必須持續學習的功課！

一起進入本書，看看有什麼辦法可以突破錢太少、債太

多的關卡！

・一階都沒踏上，財務極度不健康

　　不論是長期的入不敷出、無法準時繳清債務支出、或過度超支負債支應生活，這種一直被錢追著跑的狀態，都是不能坐視不管，需要即時處理的財務問題！一起進入本書，趕快來看看應該如何調整，重回普通體質水準，讓自己的財務恢復健康！

理債，財會來TIPS

做完財務體檢，我們要來面對現實囉！

自我檢視ABC：
3步驟報表，替財務大健檢

累了一天，好不容易到了可以好好睡一覺的時間，燈一關、眼一閉，耳邊卻出現惱人的嗡嗡聲，接下來就是一陣這裡癢、那裡抓，被蚊子吵得翻來覆去，無法成眠；好不容易下定決心起身處理，偏偏燈開了，又找不到擾人的蚊子在哪裡？一個晚上能好好休息的時間，就這樣莫名其妙過去了……

不知道你有沒有過這種感覺，發現自己明明很想解決財務問題，卻無能為力，只能過一天算一天？

財務問題就跟晚上在你房間神出鬼沒的蚊子一樣，讓很多人夜不成眠。你可能為此心浮氣躁，想趕快處理，但下定決心之後，卻又抓不出問題在哪裡，最後還是什麼都沒做，只能眼看時間一分一秒過去。

市面上的債務整合，是一種專業，如果你有債務方面的問題需要處理，這等同於幫你做環境全面消毒，把看得見的

蚊蟲一次撲殺；而從財務報表延伸的理財或理債規劃，則是一種可以自學的專業，就像是從頭開始教你如何整理環境，不再任由蚊蟲滋生，讓你從此一夜好眠。

別人的專業能幫你一時，自己的專業則能幫你一世。

就讓我們來看看，怎麼處理擾人又吸走你辛苦錢的蚊子，同時學會打理好自己的財務環境！

現在的你，可能正為了財務問題，處於身心俱疲的煎熬過程。也許只是單純為了沒辦法存錢而煩惱，也許是為了年少揮霍而懊惱，甚至是被債務壓得喘不過氣來。

無論日子過得多苦，我都希望你可以平心靜氣，花一點時間，利用書裡接下來提供的資訊與方法，幫助你一步步梳理財務問題，把困擾你多年，又沒能靜下來好好思考的數字死結，一一解開。

開始自我檢視之前，請你先問自己：「**這些年，我的錢跑到哪裡去了？**」

其實大多數人出了社會，工作十年、二十年，都到該成家的年紀了，還不見得有把握撐起一個家。從你現在的年紀回頭一望，經手過的現金遠遠大於戶頭裡的存款，到底發生

了什麼事？為什麼賺的錢都不見了？

即使你是有房有車的人生勝利組，也可能暗藏別人看不到的收支失衡。到底你身價是正是負，你有認真算過嗎？

還有一點也值得討論：你手裡一堆理財投資工具，東買西賣，真的有讓你的財務數字增加嗎？

這些你不方便向他人透露討論的財務問題，其實透過以下「自我檢視 ABC」三張報表，就能看出端倪；填寫財務報表正是逐步自我檢視的過程與絕佳機會，最好能做到一開始每個月檢視，之後至少每季或每半年一次，讓自己有意識地挑戰進步空間，逐步實踐「開源節流」這抽象但重要的概念。

數學很無聊，但當與金錢有關時，你就該充滿好奇心，開始期待這個從負到 0、從 0 到 1 的過程。

接下來，我將依序說明「自我檢視 ABC」要點，並附上詳盡範例，方便你試著逐步完成這關係你一輩子財富與人生的重要功課。

Ａ：關注現金流量 —— 檢視你的財務是否中風

　　血路不通，人會中風；長期收支不平衡，也是造成財務中風的主因。所以千萬別小看這第一張表，不但可以看出你的過去，也能預見你的未來。

　　生活支出表看起來跟記帳有點像，但又有點不一樣。過去你可能認為，記帳又沒辦法讓你變有錢，所以從不在意自己生活支出的實際狀況；也可能你曾經認真想養成記帳習慣，一開始鉅細靡遺、認真記錄數字，卻沒能從數字中看出個所以然。

　　首先，我們就透過 A 報表開始自我檢視，無論過去你的理財經驗為何、平時有無記帳，就從今天開始，挽起袖子，一起來整理財務報表中最重要的現金流量吧！

【圖 2-2：自我檢視 ABC 三報表】

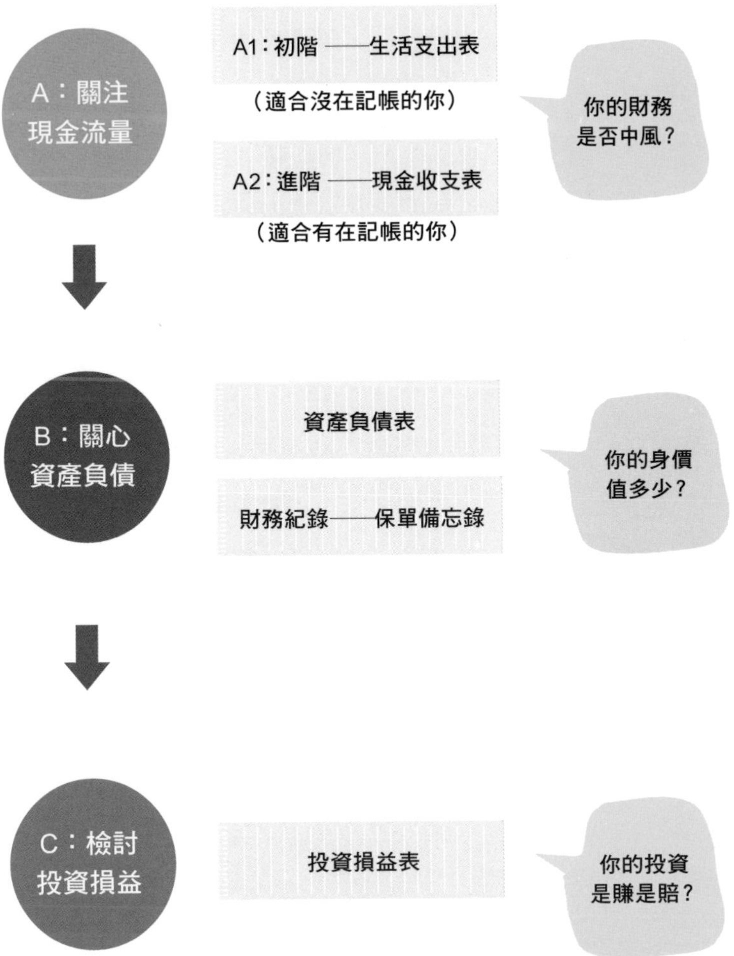

A：關注
現金流量

A1：初階 ──生活支出表

（適合沒在記帳的你）

A2：進階 ──現金收支表

（適合有在記帳的你）

你的財務
是否中風？

B：關心
資產負債

資產負債表

財務紀錄──保單備忘錄

你的身價
值多少？

C：檢討
投資損益

投資損益表

你的投資
是賺是賠？

❦ A1：初階——生活支出表（適合沒在記帳的你）

如果你是第一次接觸個人財務報表，對於生活費到底要怎麼填、填多少，肯定感到模糊且困惑。我建議不習慣甚至是討厭記帳的你，可以善用手機記帳 APP，或是現在的雲端發票功能，掌握支出流向的基本分類原則，透過幾個月的記錄，就能十分清楚自己的錢到底花到哪裡去。

生活支出表的主要功能，是將平常記的流水帳做系統化歸納，除了從**「食」「衣」「住」「行」「育」「樂」**這幾個我們熟悉的類別做整理，我還特別加入**「債」「稅」「保」**這三項每個人生活都逃不掉且重要的項目。

切記，重點在逐步檢視，別為了錢包和報表誤差的幾塊錢而傷透腦筋，才不會讓填表這件事又卡關，成了流水帳，無法持之以恆。

以下針對各大類別，提供捉大放小的方法，希望你第一次填表就上手。

・**食**：直接依餐廳或賣場、商店分類。例如「A 餐廳」「B 賣場」。長期下來，除了可以知道每次在哪些場所的平

均消費金額，也有利於日後以頻率來調整過度消費的習慣。

- **衣**：直接依品牌或家庭成員分類。例如「A 品牌」「小孩衣服」。透過記錄能夠分析購買頻率和比例，根據我的輔導經驗，有的人在這項目經過調整後，也許每年就能省出一筆足以出國旅遊的預算！

- **住**：除了房租或房貸之外，房子還有很多固定開銷，例如水電瓦斯管理費，你可能沒注意！也許現在不是你在付，但這都是生活上沒辦法節省的必要費用，絕對要優先列入準備。

- **行**：如果你搭乘大眾運輸工具，交通費就非常單純，但如果你有汽機車，除了貸款、維修保養和停車費、加油費，甚至偶爾不小心被開罰單，這些都是必要開銷。

- **育**：除了父母孝親費、子女的教育補習費，別忘了你也應該有計畫地投資自己，自我成長！這筆開銷強烈建議不能整年空白，無論是學習技能或培養興趣，都會為你的人生加分。

- **樂**：每個人的娛樂項目不盡相同，但這通常是最能省出錢來的部分。無論你有什麼興趣嗜好，包含運動、看

書、抽菸、喝酒、喝咖啡、養寵物、美髮美甲、網路購物、出國旅遊等，全都列入這個項目，好好整理。慢慢你會發現，這項目裡的某些支出如果有所取捨，就有機會存下多餘的錢。

· **債**：這是過去因為某些原因留下的負擔，一樣先列出來，我們接下來會進一步整理它、解決它。房貸及車貸可能被你列入「住」與「行」的類別去了，不過沒什麼影響，只要你知道這筆固定支出的存在即可。

· **稅**：生活相關稅賦同樣省不了，但可以分月提撥，減少單月一次繳稅的壓力。

· **保**：除了個人商業保險，社會強制保險也避不掉，一樣乖乖記錄乖乖繳。

　　以上類別經過你耐心記錄之後，可以更明確且直接分析出需要和想要，除了有助於在財務上做斷捨離之外，也能讓自己培養提撥預算的習慣，避免過度使用信用卡，造成長期收支失衡，不小心陷入債務問題。

　　再次提醒，**別太在意類別怎麼分、金額準不準。重點不是交出一張漂亮的表格，而是你腦海裡對於金錢的**

意識。我個人的實務經驗是隨著持續記錄，遺漏掉的支出會慢慢一直冒出來，隨著開始正視自己的財務，你會不斷發現原來錢是跑到之前沒注意的地方去了，這可以讓你從對的方向開始調整財務，也會跟著慢慢創造出自己的財務邏輯。

✨ A2：進階——現金收支表（適合有在記帳的你）

如果你原本就對金錢非常有意識，或是想進一步整頓全家人的家庭總開銷，那麼現金收支表是個直接檢視收入和支出是否失衡的具體表格。

無論是個人或家庭，現金要能有結餘，除了努力增加薪資以外的收入，更要清楚支出到底是用在過去、現在，還是未來？

如果只夠用在過去（欠下的債務），那就是確診財務中風了，必須趕緊著手從債務問題開始處理；如果還能支應現在，那就邊理債、邊理財，盡快累積未來的籌碼；如果已經開始規劃未來，那就專注研究如何加速朝目標前進。

現金收支的過去、現在、未來，每個人占比都不同，只要「規劃未來」的占比提高，代表日子就能愈過愈輕鬆。

以下針對各類別簡單說明，幫助你更快熟悉現金收支表

的主要功能。

- **收入**：除了薪資收入之外，你有其他收入來源嗎？無論是兼差的收入、儲蓄險的還本金、股票基金的配息、房子出租的租金等，持續增加「非工資收入」是讓自己過得更有餘裕的關鍵。如果有一天這數字大於你的支出，就代表你即使沒工作也有錢過生活，拿到隨時可以喊退休的資格了！

- **現在的支出──生活開銷**：這裡的欄位與初階的生活支出表大致相同，分門別類把每月開銷列出來，不同的是分別把「債」歸到過去的支出、「保」納入未來的支出，便於確認你現階段應該聚焦在哪裡？

- **過去的支出──債務狀況**：一樣先按現況列示出來，了解自己還有什麼債。

- **未來的支出──理財保障**：除了保險之外，你可能買了基金、持有股票，還有強迫自己儲蓄的儲蓄險，這些理財或是保障的規劃，都是為了未來做準備。請用目前每月支出的台幣金額整理一下。如果是買了就放著，現在沒有固定月支出的金融產品，就先忽略，之後整理資產

負債表時再來處理。

事實上，有很多人的收支狀況是每個月入不敷出。我清楚記得，自己第一次整理這報表時，也是慘不忍睹，現金根本流不動，都是靠信用卡才得以支撐，有的月份忽然有活水進來，可以喘口氣，有的月份又忽然有洞，得把錢填進去！

你的財務是否中風，整理完收支表時，應該就很清楚了。這也可以給你更明確的方向和目標，朝著開源節流的方向前進。

B：關心資產負債 —— 你的身價到底值多少

你所持有的，到底是資產還是負債？透過定期檢視「B：資產負債表」，可以給你更明確的目標，無論是增加資產或降低負債，都能夠提高你的身價。

理財和理債的先後順序，也能從這表格當中找到判斷的依據。

❦ 資產負債表──資產

除了現金的收支之外，銀行裡的緊急預備金、定存、外幣，或是過去買的股票、基金、保險、動產、不動產等，這些都是所謂的資產，可以善用現在網路查詢的便利性，定期檢視，你會清楚知道如果現在馬上需要變現，手中的資產有多少價值。

有些投資工具數字會有上下波動，請以你當下查到的台幣金額來記錄就好，一樣記住捉大放小的原則。

其中投資方面的盈虧，我們在第三張表「C：投資損益表」可以更詳盡記錄。而保險在資產類別中記錄的方式比較特殊，在此不記那些醫療意外等保障型保單，只記錄有解約金的保單。另外，大部分儲蓄險有長期契約特性，所以在還沒繳完的過程當中，等於是把資產的現金類別搬到保險類別，短期之內價值會被壓縮，覺得錢因為買保險而變少了！但依商品的特性，之後的非工資收入或增值效果，也會隨著時間慢慢增值長大。

❧ 資產負債表──負債

在前一步驟「A2：進階現金收支表」中，我們已經知道每個月針對負債所要支付的金額；而在資產負債表中，則是針對各個類別詳細剩餘的待處理金額，做一次總整理。

以信用卡債這一類別為例，從單月支出來看，我們可能每個月都是全額繳清，但實際上是用無息分期的功能償還。這些單月看來只記了一筆、但實際上還需要幾個月才能清償的額度，經過整理資產負債表後，你看到的才是最準確的負債總金額。這除了會占用你的信用額度，也是過度消費的徵兆之一，從這裡就可以分析出你是不是已不小心步入債務漩渦。

「資產負債表」整張表的重點，除了協助你一目瞭然到目前為止累積的資產和負債之外，最重要的就是「淨資產」這個欄位！如果我們每三個月或半年檢視一次，從淨資產的數字就可以回顧過去這段時間發生了什麼事。此欄位金額的變動也有助於你在未來更有意識地增加資產、降低負債，專注於提高自己的身價。

❀ 財務紀錄——保單備忘錄

保險是容易被忘記的資產，很難一次買足，但當初為什麼而買，又常常想不起來！如果你的保單多又雜，建議可以利用保單備忘錄做一次總整理，協助你更清楚保險的功能與價值。也可參見本書第四部談及「保險應該怎麼買」的相關說明，輔助參考。

專款專用、保單效益，都是你可以記錄下來的重點，也能順便知道哪幾個月的保費支出比較大，心裡有個底，盡量分攤到每個月，做好現金準備。

關於你的身價，到這裡應該都整理清楚了！資產負債表和保單備忘錄除了可供自己定期檢視，也可以讓你信任的家人知道它的存在。當人生的意外風險來臨時，你的家人就能不慌不亂地透過這兩張表單，整理你的資產負債，並且聯絡你的保險業務員。

萬事總是要做最好的準備和最壞的打算，你說是嗎？

C：檢討投資損益──投資的實際績效

　　無論選擇什麼投資工具，我們都知道關鍵就是買低賣高，但此處不討論如何做投資決策，只帶領你概算自己現有的投資工具，到底是能不斷生出錢來的錢母，還是早該處理的累贅。

❦ 投資損益表

　　將所有類別列示之後，主要依「已實現損益」和「未實現損益」來整理數字。

　　有買賣進出過而產生的損益，就放到已實現損益，若只是帳面數字變動，就歸到未實現損益。這些資料在你的手機 app 或是網路帳戶查詢都看得到，最精準的數字是已經扣除手續費，如果沒扣也沒關係，就以現在的淨值來論定即可。

　　建議在此只要記錄進出帳戶的總金額，減少繁瑣的投資標的記錄，因為目的只是要每個月檢視一下，觀察整體進出頻率和實際損益，從一開始的帳戶總值加上加碼的金額，再與本月現值比對起來，就可以快速知道到底現在是賺是賠，調整並找到最適合你的投資工具。

理債，財會來TIPS

以上自我檢視 ABC 相關表格，可至網站自行下載「財務陪跑計畫」報表使用，依自己需求更改內容細項，並附有線上使用說明影片，陪你一起面對！

https://bit.ly/36FOFPN

編按：讀者可至「圓神書活網」（www.booklife.com.tw）搜尋本書書籍頁面取得「財務陪跑計畫表」。

自我檢視ABC：
案例分享

　　看完表格說明還是不知道怎麼開始？沒關係，先帶你看看別人的案例！

自我檢視A1：初階——生活支出表（單身的小紅）

　　小紅是來自南部的單身女性，大學畢業後不知道要做什麼，先在服務業打了兩年工，後來經朋友介紹，順利在台北找到一份月薪 3 萬的正職工作。由於初到外地上班，小紅先租了間小套房。她平時沒什麼特殊的興趣嗜好，生活單純，偶爾上網看影片、買東西；但工作了 3 年，她發現自己根本沒什麼存款。由於平時完全沒有記帳習慣，所以決定先從最簡單的初階生活支出表，來檢查財務漏洞。

【表 2-3：小紅的生活支出表】

類別	內容	1月
食	XX 賣場	1,500
	外食	4,000
衣	xx 品牌	3,000
住	房租	11,000
	水費	沒記帳
	電費	
	瓦斯費	
	管理費	
	網路第四台	600
	生活用品	1,000
行	油錢	500
	停車費	沒記帳
	維修保養	
	罰單	
育	英文課	
	線上讀書會	200
樂	手機費	1,300
	健身房	1,300
債	信用卡	0
	學貸	4,000
稅	4 月牌照稅	沒記帳
	5 月所得稅	
	7 月燃料稅	
	11 月地價稅	
保	勞保費	沒記帳
	健保費	
	醫療保費	
	儲蓄保費	
	車險	
合計		28,400

⚜ 從數字看到什麼問題？

　　小紅是第一次填表，很多基本開銷填不出來，有些數字也只能填個大概，但還是可以看出可以調整的項目：

- **食**：偶爾下廚，大部分外食，看起來填表的數字明顯低估了。可以開始調整習慣，例如一天三餐有兩餐自己煮。
- **衣**：可看出網路刷卡購物誘惑不斷，買衣服若能調整成一季買一次，就可大幅降低負擔。
- **住**：水電瓦斯都沒記，但房租已超過薪水的三分之一，也許找朋友合住公寓、分租雅房，一個月可以再多出3,000 到 5,000 元；平常大都上網看影片，其實網路第四台和手機網路費是重複的，可以省下其中一項支出。
- **行**：暫無特別建議。
- **育**：暫無特別建議。
- **樂**：手機月租費在市面上有很多方案可選擇，建議往下調整。健身房月費若都有在用就不浪費，但是否真有必要，值得討論。
- **債**：學貸是很多人一出社會就有的壓力，如果可以從其

他開銷省下來，就能更早擺脫這筆負擔。

- **稅**：沒記錄習慣，後續遇到記得補上，別忘了4月、5月、7月、11月都有稅要繳。
- **保**：勞健保公司內扣，其他保費都是家人在繳。建議自己已出社會了，應該提早把這筆開銷當一回事。

❦怎麼解決財務問題？──
從分門別類的支出逐步調整

看完小紅的生活支出報表，我們來幫她算一算，經過認真調整，可以減去多少開銷？

【表2-4：小紅的生活支出調整計畫表】

項目	調整計畫	預估每月減少開銷
食	原費用低估，建議一天兩餐自己煮	──
衣	目標改為每季採購，每月預算1,000元	2,000
住	建議改與朋友分租雅房、節省網路第四台費用	3,600
行	無特別建議	──
育	無特別建議	──
樂	手機月租費率降為599上網吃到飽	700
債	節省其它開銷，盡力清償	──
稅	記得記錄稅金	──
保	應了解自己的保險支出	──
合計	每月減少6,300元	

　　除了記錄生活開銷之外，如果能有意識地逐步搭配調整計畫，絕對比從沒思考過來得有機會減少開銷。

　　經過一段時間的記錄，通常也會發現還有很多額外的開銷沒算到，例如，每年夏天小紅都會和好姊妹出國一趟，旅遊基金平常沒有刻意提撥，總是直接刷卡，有時甚至到隔年出國都還沒繳完去年刷的旅遊卡費……

　　生活支出盡量不要有大小月之分，調整能控制的部分，多出來的錢可以有專款專用的功能，也可以當成緊急預備金，來因應一些你偶爾的瘋狂或人生的無常。

自我檢視A2：進階——現金收支表（已婚的小綠）

　　小綠是小紅的學長，今年 30 歲，剛結婚生小孩，出社會之後因為原生家庭的經濟壓力，一直很努力賺錢，除了正

【表 2-5：小綠的現金收支表】

收入			
類別	內容	平均月收入	備註
薪資收入	正職工作	45,000	
斜槓收入	兼差	8,000	
非工資收入	幼兒補助	2,500	
總額		55,500	

現在：生活支出			
類別	內容	平均月支出	備註
食		25,000	
衣		1,000	
住	孝親費	5,000	
行		1,500	
育			
樂		3,000	每月兩次假日外食
稅		2,000	
總額		37,500	

過去：債務狀況			
類別	內容	平均月支出	備註
房屋貸款	家	20,000	
汽車貸款			
個人信用貸款			
助學貸款			
信用卡 / 現金卡循環利息			
其他			
總額		20,000	

未來：理財保障			
類別	內容	平均月支出	備註
定存金額			
股票投資			
基金投資	定期定額	3,000	
人身保險	醫療險	5,000	一家三口一年約 6 萬
產物保險	車險	1,000	汽車 1 萬 + 機車 2,000
理財保險			
總額		9,000	
合計		-11,000	

職工作，也兼差增加收入。工作多年的他都住家裡，父母已退休，但家裡房貸還沒付完，所以每個月幫忙負擔 2 萬元房貸，並固定給父母孝親費 5,000 元。他身為獨子，這些年來一肩扛起家中責任，從來沒少拿錢回家過，雖然持續記帳，清楚自己的金錢流向，也有做一些簡單的理財投資，但現在有了小孩覺得壓力變更大，幾乎每個月都在透支吃老本⋯⋯

看到小綠的現金收支表，你是否也替他捏了把冷汗？可是看起來也沒什麼能夠節省的開銷，該如何調整呢？事實上，如果沒有更積極的財務規劃，小綠的收支缺口很可能越變越大。很多朋友都像這樣，一開始每個月只差個 5,000、10,000，後來因為接到信貸的推銷電話或刷卡沒節制，過個 3 年、5 年，身上就背了錢不知道花到哪去的個人信貸。

很多雙薪家庭都面臨這樣的問題，尤其結婚生子之後，一個人的薪水支付吃和住的費用就沒了，另一個人的薪水拿來支付小孩的安親補習費之後，也所剩無幾。

❧ 從數字看到什麼問題？

• 有老有小，只有一份薪水的標準夾心族：

「債」這個字，並不全然是你我刻板印象中的負面詞

彙，有時來自於一個有責任感的人，對家庭和所愛的付出。上有老、下有小的小綠，一份薪水卻身兼多重責任，這就是一不小心可能背上債務的原因。

- **每月入不敷出，清楚金錢流向，卻無動力解決：**
  像小綠這樣能清楚列出生活開銷的例子，其實已經贏過許多不知自己金錢流向的人。但因為有個遮風避雨的老家，回家也一定有家人煮飯，加上多少有點老本，要不是因為生了小孩，小綠可能一點都不會有動力主動調整財務，而陷入溫水煮青蛙的狀態。

☙ 怎麼解決財務問題？——
收支不平衡，提升收入，解決眼前困境

小綠家現在只有一份薪水，最理想的解決辦法，當然是老婆能重回職場，雖然剛生小孩的三、五年，因為照顧因素可能無法做全職，但還是有很多兼差性質工作可讓自己不至於與社會脫節。

而小綠自己本身則要注意，兼差增加收入雖然也是方法之一，但盡量別選擇持續勞力型工作，要慢慢提升本職學

能、增加業務行銷相關的軟實力，比較有機會再讓薪資有所成長。兩夫妻必須更有共識地針對過去、現在、未來的支出比例做調整，才有機會將報表上的數字轉負為正。

- **進階現金收支表中的關鍵數字——非工資收入：**

  生活上支出的項目總是一列再列，永遠列不完，但收入卻大都只來自薪資，這就是為什麼我們總是感覺錢不夠用的原因。

  非工資收入簡單來說，就是不用上班也可以獲得的收入來源，又稱為「理財收入」。人生在不同階段的目標如結婚、生子、買車、買房、旅遊、教育、退休等，是否都能順利達成，都取決於我們可否在收支平衡的前提下，再透過非工資收入的累積，來讓自己握有籌碼，闖過一關又一關。

理債，財會來TIPS

快用「現在、過去、未來」檢視調整你的支出比例，讓數字成就你的夢想畫面！

❦ 補充：
初階生活支出表與進階現金收支表的使用時機

上述兩張表格，恰好可以提供你釐清繁雜財務數字的基本工具，如果你完全沒記過帳，可以先從初階的生活支出表開始，只要能夠持續一年，無論支出週期是每日、每週、每月、每季、每半年、每年，大部分的生活固定開銷，都能透過持續的記錄，在你的掌握之中。

如果你本身已經非常了解金錢流向，就可以進一步利用進階現金收支表，讓自己更清楚金錢在過去、現在、未來的分配占比，這會讓你更有目標、方向，找尋更適合自己、更有效率的工具和方法來逐步調整財務體質。

自我檢視B：資產負債表（已婚的小綠）

讓我們接著來看看，小綠的資產負債表又是如何？

【表 2-6：小綠的資產負債表】

資產				負債		
存款				**信用卡債**		
銀行名稱			活定存金額	銀行名稱		借款餘額
XX 銀行	薪資戶		13,000	XX 銀行		0
XX 銀行	預備金		200,000			
合計			213,000	合計		0
股票				**個人信貸**		
公司名稱	股數	市值	總值	銀行名稱		借款餘額
XX 股票	2000	30	60,000	XX 銀行		0
合計			60,000	合計		0
基金				**助學貸款**		
基金名稱	單位	淨值	總值	銀行名稱		借款餘額
XX 基金	10000	15	150,000	XX 銀行		0
				合計		0
				汽車貸款		
				銀行名稱		借款餘額
				XX 銀行		0
合計			150,000	合計		0

保險			
保單內容			解約金
XX			0

動產 & 不動產			
機車			50,000
汽車			300,000
房屋			0
合計			350,000

房屋貸款			
銀行名稱			借款餘額
XX 銀行			0
XX 銀行			0
合計			0
銀行名稱			借款餘額
XX 銀行			0
XX 銀行			0
合計			0

資產總和			773,000

負債總和			0

淨資產　$773,000

❀ 從數字看到什麼問題？

　　從小綠的資產負債表，看得出來他是很懂分寸的人，知道分戶的概念，強迫自己存了一筆緊急預備金，多年來也累積定期定額買基金的習慣，有做一點股市投資，但不碰太高價高風險的股票，也沒有持有過多投資標的，且沒有負債，屬於健康的報表。

　　如果搭配小綠的收支表來看，一個感覺每月是負數，一

個看起來有 70 多萬的資產，而且還有不在報表上但其實要背的房貸，這樣他到底算是有錢還是沒錢？如果這份報表套在我們自己身上，你會覺得反正戶頭裡有現金、有車可開、有房可住，有什麼好擔心？還是你比較在意每個月總是錢不夠用，對於一直吃老本有強烈的不安全感呢？

✿ 怎麼解決財務問題？
——專注增加淨資產

除非我們有富爸爸，否則要增加資產項目，通常要具備資金和知識，並投入經年累月的時間；但增加負債卻輕而易舉，今天可能接到一通讓你輕鬆借款的推銷電話，隔天戶頭就進來一筆錢，接著在資產負債表上多了一行要背五年、七年的信用貸款。

有的人舉債只是莫名其妙花掉，也有人舉債來創造資產。無論一左一右的資產負債欄位數字如何增減，你只要專注在「淨資產」這個關鍵數字，有助於做為提醒自己重視財務問題的動力，跳脫明明收支不平衡，卻誤以為自己很有錢的混亂狀態。

財務紀錄──保單備忘錄

小綠的個性穩健，理財型與保障型的保險都有兼顧。

保單是一般人很難搞清楚的項目，它既是收支表當中的固定支出，又是資產負債表當中的資產項目。大多數人買完保單之後，都有失憶問題，總是在繳保費時覺得保費怎麼那麼多，但在真正需要時，卻又想不起來自己買了什麼。

整理個人財務報表時，順便把個人保單以自己看得懂的方式建檔，會更清楚錢花到哪去。也會知道萬一急需用錢，能夠即時動用的資金有多少。以小綠的保單為例，他其實應

【表2-7：小綠的保單備忘錄】

序號	種類	被保人	生效日	保單號碼	商品名稱	繳費年期	每年保費	功能	解約金額	備註
1	理財	A	105.5	A001	台幣還本	2	65萬	教育金	130萬	年還本18,000
2	理財	A	107.5	A002	台幣滾存	20	10萬	退休金	3萬	
3	保障	A	107.6	A003	醫療意外	20	4.5萬	重大疾病實支實付	-	
4	保障	B	107.6	B001	醫療意外	20	2.2萬	重大疾病	-	
5	保障	C	107.6	C001	醫療意外	20	2.1萬	重大疾病	-	

該要把保單 1 和 2 的解約金也列進自己的資產負債表，因為這也是他需要時可以動用的項目。

保單備忘錄可以簡單分為理財和保障兩大類別：

・理財型：確定的時間，有確定的錢

理財型的保單通常有解約金，簡單來說，就是一筆你即時可以動用的現金。但由於保險是長期契約，風險就是提前解約，所以在還沒繳費期滿之前，通常解約金會低於所繳保費，所以在資產項目下，會好像把現金拿去換成比較不划算的資產，但事實上，保單會隨著時間產生增值效果，先苦後甘的數字變化，除非有記錄複習，否則很容易因為業務員的激烈競爭，以為不划算就解了約，又再一次重新規劃，通常這樣的結果不只造成金錢損失，時間更是不容忽視的成本。

當我們了解理財型保單這項工具的特性，就可以視為供應自己專款專用的長期規劃，讓自己在未來確定的時間，能有確定的錢；也許增值的效果不如其他投資工具，但卻是不受市場景氣影響，有存就有的急用保險箱。

這筆錢，就是在銀行存摺看不見的隱藏資產，具有強迫

儲蓄機制，若規劃得當，很可能是你在財富增長的道路上最穩健的一筆投資。

・保障型：風險來臨的保命錢

現在的保障型保單五花八門，有終身，有定期，有以後可以退還保費的，也有買了沒用到單純做公益的，原則上，我們不把它當成可以動用的資產，只視爲萬一發生意外事故的保命錢。

說是保命錢，好像有點太誇張，現在都有全民健保了不是嗎？但要提醒大家，即使健保讓我們不用過於擔心醫藥費，但除了自費項目愈來愈多之外，還有一個現實問題就是，我們都不太有本錢可以應付收入中斷的狀況發生。

眞正的保障是用確定的保費帶走不確定的風險，所以你不需瘋狂買保單，讓不確定會發生的事，成爲你生活上沉重的負擔，更不用過於追求要找到 CP 值最高的商品，因爲所有保險公司的商品都是金管會在管，各有優缺，沒有絕對的好。你只需要找到一個你有問題想問時，能夠即時回覆處理的業務員，就放心把保單交給他吧！因爲發生事故時，我們需要的不會是最完美的保單，而是

最能為你盡心盡力冷靜處理事情的業務員。

保單備忘錄整理出來之後，你會發現自己有更踏實的感覺，除了知道自己保單增值的狀況，也更清楚一年中的哪些月份有比較大的保費支出。現在多家銀行都有信用卡的保費無息分期功能，能把這集中的保費壓力有效分攤，趕快找你的業務員好好整理一下吧！

如果你的保險業務已經失聯，你可能還是不知道保單該從何整理起，建議可以善用現在各大保險公司的線上會員功能，內容會比你手上多年前的保單正本來得更詳盡清楚，也是非常方便的查詢工具。若是連保哪一家都搞不清楚，為了避免有漏網之魚，也可以透過壽險公會提出正式書面申請，就能得到最正確的名下保單列表，方便你再到各家保險公司了解投保的細項內容。

💡 **理債，財會來TIPS**

做完資產負債表可以知道你的身價值多少。一起努力提高「淨資產」，GO！

自我檢視C：投資損益表（投資的小橘）

接下來看另一位朋友小橘，她檢視了收支表和資產負債表後，發現自己完全沒有財務上的問題，每個月還可以多個1萬塊閒錢來自由運用。

小橘因為出社會以來一直專注投資，長期在股票基金帳戶殺進殺出，但並沒有對投資進出有特別的記錄，常常投資的錢跟自己的生活費帳戶混在一起，所以這是她最關心的部分……

☙ 從數字看到什麼問題？

投資是門很專業的學問，何時該停利停損更是高深；但就理財角度來說，可以學著掌握「買的理由想清楚，理由消失才賣掉」這一個簡單原則。

小橘的報表看起來也沒什麼特別，不過每個月大約只能有1萬元的餘錢，一虧損就急著單月多放了3萬元進投資帳戶想攤平成本，這似乎就是投資和生活費混在一起的主要原因。

【表 2-8：小橘的投資損益表】

類別	內容	1月	2月	3月	年度合計
股票帳戶	上月總值	100,000	101,100	96,100	
	本月加碼			30,000	30,000
	已實現損益	1,000		-3,000	-2,000
	未實現損益		-5,000		-5,000
	非工資收入	100			100
	本月現值	101,100	96,100	123,100	
基金帳戶	上月總值				
	本月加碼				0
	已實現損益				0
	未實現損益				0
	非工資收入				0
	本月現值				
外幣帳戶	上月總值				
	本月加碼				0
	已實現損益				0
	未實現損益				0
	非工資收入				0
	本月現值				

※ 補充說明：所有報表都沒有制式格式，尤其在投資領域裡，商品的屬性不同，遊戲規則也不同，你可以選擇自己覺得簡單易懂的方法或表格來記錄。只要記得這項紀錄的主要功能，是讓你不要對自己的投資棄養，但也不要因為過於頻繁的交易而影響日常生活。

✿ 怎麼解決財務問題？
──投資帳戶要和生活帳戶分開

　　小橘進場的理由是持有的股票跌價了，想趁便宜多買起來放，計劃把停利點和停損點都設在 10%，堅定這個立場之後，那她就必須記得千萬不能因為下個月錢不夠用就出場，否則來來往往之間，本來很專業的投資判斷和追求的投資效益，最後卻輸在自己的收支管理能力上。

　　另外，「非工資收入」這個概念結合到投資理財也非常重要，在資產負債表中的所有資產項目，無論是能為你帶來源源不斷的收入，或是有機會因為價差而讓你身價增值，都是重要的累積！存量和流量的概念一樣重要，否則獲利再豐，金山銀山也總有一天被吃掉。

理債，財會來 TIPS

你是不是也有很多沒在看的投資對帳單？

利用投資損益表記錄一下，這都是你未來累積財富的子彈！

看懂數字背後代表的意義

自我檢視 ABC 是可以協助我們看清現在、過去、未來的有利工具，更進階的還可以算出更多錯綜複雜的比率和法則，但當我們理性地攤開數字來看之後，通常接著都會有一種「然後呢？」的感覺。

我都乖乖做了，然後呢？

如果你會感到茫然，我想這是因為你可能花時間了解它們，但卻不見得能從中了解自己。畢竟人性最終總會凌駕於所有理論之上，成為影響結果的最主要關鍵。

所以我們要看的，不只是這些數字的增減或排列組合，而是在一次次檢討之中，找到自己需要克服的問題，然後逐步調整改變，才能真正從中受益。

任何專家給的專業建議，都比不上你深信不疑或已成習慣的財務邏輯，這就像同名同姓也可能不同命一樣，錢在不同人身上，絕對也會理出不同的氣象。

如果一再地入不敷出，有沒有去觀察你收入成長的瓶頸？

單身一個人跟成家之後的責任、開銷不一樣，但你的薪

水都一樣？這時就該想辦法利用機會學習，找到增加收入的契機。

如果你早就有在理財，卻還是越理越亂，會不會是你總是一下聽這建議、一下聽那指示，一直拿自己的錢做實驗，滿手理財工具，卻沒有一個真正深入了解？

或是你會不會過於保守，一直死守一筆錢，不敢做任何投資，也不再嘗試任何方法讓資產增值？

如果你完全沒有這方面的困擾，也許也可以關心一下，你身旁替你扛著的那個人，是不是其實為了幫你，而肩負著超乎能力範圍的責任？

一切的美好都應該建立在安穩的基礎之上。實務上報表的意義，就是在提醒我們可以提早看見數字背後的危機，讓我們能夠不再找藉口合理化現況，而是馬上開始調整，奪回更多財務主導權。

理債,財會來TIPS

你會應用這些工具了嗎?實際做起來一定有很多疑問,

別放棄,這絕對能讓你對金錢更有意識!

Part 3

解決過去債務

你賺的錢其實沒有不見，
只是分別跑到了過去的債務、現在的支出與未來的規劃，
以不同形式融入你的生活。
有債務的你不必看到數字就害怕，也不需逃避，
現在永遠是你最年輕的時候，也是整頓過去最好的時機。

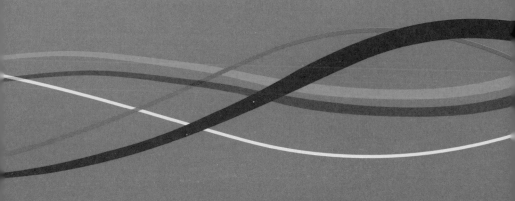

你的錢沒有不見

　　完成了前一部「自我檢視 ABC」3 張報表功課，你應該已經發現，錢其實沒有不見，只是分別跑到了過去的債務、現在的支出與未來的規劃，用不同形式融入你的生活。

　　現在永遠是你最年輕的時候，從這個時間點來整頓過去和籌畫未來，永遠是最好的時機。

　　透過報表，你已經對自己的財務現況有基本的了解，但只是記下數字，並無法迅速解決你的財務困境。接下來這一部會針對最讓人困擾的債務問題，提供你實際有效的理債策略。

　　無論什麼原因造成你過去欠下了債務，往往迫於無奈，在借款當下並沒有時間讓人多加思考細節。明明努力工作、省吃儉用，卻天天接到催繳電話，你可能早就為此陷入憂鬱，不知未來該如何走下去。

　　我以過來人的經驗告訴你，這一切困境，絕對有辦法解決！

過去幫家裡軋票跑 3 點半，以及後來面對鉅額負債、被執行扣薪的日子裡，我深深了解到知識、經驗與面對債務處理心態的重要性。

雖然每個人狀況不同，但關於債務的基本常識與處理方法，我希望能將自己的經驗盡力分享給你，並提供一些有效策略，讓你為卡住的人生想想辦法。

常見的債務種類

一般人會遇上的債務大致分為下列幾種：

1. 利率雪球：地下債
──借得快，也要盡快處理！

當你有急用時，可能因為個人條件或時間壓力，導致你欠下了債主不是銀行的債務。我們都清楚，越容易借到的錢，利息通常越高；但可怕的是，這類債務除了短期就需付出高利之外，還會要求你押本票、抵動產、寫保人。

所以我常說，欠銀行錢不用怕，但是欠地下債就一定

得想盡辦法優先處理！雖然我也遇過非常親切溫柔、感覺像在做善事的當舖老板，但每星期都得軋的利息錢還是壓得人喘不過氣來。

2. 無痛深淵：信用卡債

——留意長期付出成本

在電子支付盛行的現代社會，信用卡早就不是負債的代表，甚至可以是有利的理財工具。但還是可能因為過度消費或現金週轉失靈，積欠了讓你只有氣力償還每月最低應繳金額的信用卡債。

只繳最低應繳金額，雖能讓人不至於信用破產，銀行也不會急著要你還清，但是長期下來，其實會讓你不痛不癢地多付出許多成本，仍需正視處理。

3. 出社會就背債：學貸

——都 30 歲了，還沒繳完嗎？

在低薪卻學費高昂的環境下，越來越多的學生一出社會就背學貸。雖然利息很低，甚至還能申請繳息不還本，但往往唸 4 年大學卻得花 8 年攤還，超過 30 歲

了，還沒還完學貸。你也有這樣的債務嗎？

4. 成家抵押債：車貸、房貸
—— 小心債務支出過大

有別於一般的無擔保信用貸款，車貸與房貸屬於置產而來的擔保債務。在一般人眾多的債務支出當中，原則上這項占比最大，甚至有的雙薪家庭其中一人的薪水就被這項支出吃掉；幸運的可能咬著牙撐過，得以留下資產，但碰到困難的人，可能又會拿來利用週轉。

5. 立業週轉債：信貸、創業貸
—— 為了夢想，你還要還幾年的債？

這類債務通常起源於生活不如意或開創事業的夢想。也許本來要用 10 萬，但銀行勸你借 20 萬，結果錢早就不知花到哪裡去，留下的債務卻影響你好幾個 365 天。

6. 冤親債主：親友借貸、繼承或擔保債務

——欠了情，小心變成債

這款債，通常是先欠了情，後來才變成了債；也是所有債務中最困難的感情債，幾乎沒辦法只靠理性分析來處理，全都是連續劇一般的故事篇章……

以上這些債，你扛了幾種？

如果一直過著被錢追著跑的日子，一時被問起，這家銀行利率多少、那家銀行剩多少沒還完，你搞不清楚是正常的。但當我們決心正視債務問題時，必須靜下心來釐清這些剪不斷、理還亂的數字。

無論你目前是因為什麼原因而留下上述各式債務，除了搞清楚數字之外，我們一定也要思考還款計畫，才能盡快脫離債務糾纏。

一般來說，還債當然是利率高的先還掉，但情急之餘，我會建議用不同的角度來思考。

從心態上釐清你的債務

1. 在你名下，無論是不是由你負責還款的負債
── 代表你的信用

很多連續劇都有演，像是爸爸賭博欠債，叫兒子借錢來還，答應兒子以後這筆信貸他會負責……類似這樣的債務，當下可能為了救急，但長久下來很可能演變成常態，也必須要有隨時需要自己拿回來償還的警覺心，維持自己的良好信用。

2. 不在你名下，但由你負責還款的負債
── 代表你要付的錢

這也是常聽到的狀況，也許你已經結婚生子、還在償還娘家二胎借出來的房貸，自己都還沒買房子，卻感覺永遠有還不完的債，甚至有時還牽扯到家中兄弟姊妹的分配負擔問題，通常實際狀況複雜，但總之就是跑不掉、你一定要付的錢。

3. 不會被扣繳催款的親友借貸或保單貸款
——代表還清負債的目標

我們在碰到困難的時候，可能接受了身邊親友在金錢上的協助，這種親友情義相挺的金錢往來，大都沒簽借據、沒談利息。也可能我們自己用過去的儲蓄險借出了一筆臨時動用的資金，雖然保險公司也會算利息，但好像沒還也不會怎麼樣……像這一類債務，並不會影響你未來貸款的信用，也不是你每個月會被逼著還的錢，但在你心中一定要謹記這筆帳，因為當你連這部分都還完了，就代表你已經開始讓財務步上軌道。

開始整頓債務
──小黃的案例

　　你為何扛下債務的來龍去脈雖然不用交代，但至少得花時間查清楚每筆債務的狀況、借款條件，來做為面對債務、解決問題的起步。該如何開始面對這些冰冷的數字、著手整理複雜的債務？首先，就透過債務整理表開始吧！

　　小黃是個負責任的孩子，出社會後一直支撐家計，每個月賺的錢主要都拿來還家裡的債，自己則用信用卡借現金度日，長期下來累積不少債務，現在每個月除了身後的不定時炸彈，連自己的生活都有立即引爆的危險。

【表 3-1：小黃的債務整理表】

債務人	債權銀行	債務種類	借款日期	借款利率	借款總額	原始期數	剩餘期數	每月攤還	借款餘額	繳款日期
小黃	X 銀行	信用卡		15%	10 萬			6,700	10 萬	
小黃	Y 銀行	信貸	10901	9.88%	70 萬	60	55	14,832	70 萬	
合計								21,532	80 萬	

※ 補充：債務整理表的用意，是讓我們清楚目前負債的細節條件，了解每個月還的錢到底還到哪裡？如果有更積極的還款計畫，應該從哪裡著手？也可以幫助你釐清還款優先順序。例如，先從利率高的借款還起，或是先專心還自己名下的債務，維持信用。

小黃的列表內容其實並不完整。這十分符合一般人初次填表時的狀況，通常搞不清楚本利怎麼攤、期數剩多少，所以第一時間填的表，會連借款餘額都需要再三確認。

　　如果你的債務來源複雜，這份報表你很難一次列得清楚完整，因為還債的日子裡，被時間壓力追著跑，通常能準時應付銀行帳單就不錯了，根本沒有精力靜下心來整理繁雜的數字。

　　就以小黃的狀況來看，信用卡一直只繳最低應繳金額，好不容易還了一點，但每個月空出來的額度，可能也很快又再刷掉了；而信貸則是今年才剛借，只知道每個月還多少，不確定本利怎麼攤，所以就用原始金額計算。

　　看完小黃的債務表，回想一下前面我們練習過的「自我檢視ABC」，大家應該很好奇小黃的薪水是多少？日常生活有辦法應付這樣的負債金額嗎？還是他其實也有老本可以撐？

　　當局者迷、旁觀者清，換成是我們自己，身上所扛的債務，有花時間像這樣列表搞清楚借款條件，守住自己每個月一定要準時繳款的底限嗎？有好好思考過自己的債務是因為財務發生了什麼問題而產生的嗎？

在釐清這些債務項目之後，我們又能從中看出什麼？如何替自己擬定還款計畫？接下來，就一起來了解基本的理債概念。

理債3大基本原則

列完債務表、釐清你的債務項目之後，其實只要**掌握「借款利率高變低」「債務筆數多變少」「清償順序小再大」3大原則，就能有效降低你的還款金額與壓力。**一位朋友經我輔導，重新擬定還款計畫之後，甚至確定可以提前兩年還清債務！

原則 1. 借款利率高變低：

在整理債務表之後，透過把債務整合成較低利率的貸款，是你現在馬上可以開始採行的理債策略。例如，透過利率較低的房貸增貸方式，轉為處理利率較高的信貸，或是利用信貸償還利率更高的信用卡借款等。除非近期剛借貸過或本身信用條件不佳，否則通常能利用這種方法有效降低借款利率。

別認為調整利率好像沒什麼差，假如你借 100 萬、7 年期的信貸，4% 是月付 13,669 元，2% 是月付 12,767 元，簡單來說，就是利息差了一倍，感覺一個月只差不到 1,000 元，但最後總利息就差了 7.5 萬！看到這裡，是不是該好好了解對你更有利的還貸方式？

 理債，財會來TIPS

- 建議可優先從已借款銀行或薪轉銀行詢問轉貸方案。
- 先穩住自己：穩定工作收入和是否有能力正常還款，會影響核貸條件。
- 轉貸不需委託債務整合代辦，直接詢問銀行最直接有效。
- 善用網路免費的貸款計算機，就能算出借貸真正需要付出的實際總成本。
- 轉貸是為了降低利率或月付金，只是喘息，不是休息，謹慎為之。

原則 2. 債務筆數多變少：

當我們的債務東一筆、西一筆，5 號、10 號、15 號都有不同銀行的錢要還時，生活就會被這些債務給逼到無法喘息。透過縮減債務的筆數，也是很好的理債策略，但這需要你主動覺察，整理債務表就是了解自己債務現況的好方法，你看過後肯定會有一些想法！

例如，有個只剩 3 期、利率高達 8% 的信貸，每月要還 5,000 元，如果這時你手邊剛好有多出的錢，不如就一鼓作氣把信貸還完吧！這樣一來，從下個月開始，就可以把每個月原本要拿來還信貸的 5,000 元做更有效的運用。

 理債，財會來 TIPS

- 檢查自己是不是有可以解決負債的其他資產。
- 若你信用良好，銀行可能會向你推新的信貸方案，金額讓你足以整合原本債務。
- 讓還款日期變集中，避免不斷催收，打擾生活。
- 每個月感覺多出來的錢，別不小心又做無意識的額外消費。

原則 3. 清償順序小再大：

仔細觀察債務整理表就會發現，借款金額大的通常利率比較低，借款金額小的反而利率比較高。在理債過程中，我們還是可以針對餘款金額小的債務優先處理，主要原因是，先從感覺簡單的開始集中火力清償，會讓人有已解決了幾筆債務、持續前進的心理感受，有助於你相信自己有能力也有動力還清。

 理債，財會來TIPS

- 也許一天省一杯咖啡，就能讓你有意識地針對小額債務做清償。
- 良性的負債應該有所目的。別銀行打來推銷，就輕易借錢來花！
- 無擔保信用貸款上限通常為月收入的 22 倍，要想辦法降低借款水位，而非隨時借到滿。

掌握這 3 個基本原則，再回頭看看小黃的負債狀況，從任何一種方法都可以開始著手處理：

- **借款利率高變低**：小黃可以詢問銀行行員，找出低於現在借款利率的方案。
- **債務筆數多變少**：小黃可視情況透過債務整合或優先償還，將兩筆債務變一筆。
- **清償順序小再大**：小黃可以集中火力、優先清償總額明顯較少的信用卡債，同時小心別重複一刷再刷。

現金流的債務思考

我在協助個案做理財理債規劃的過程中，曾碰過非常棘手、連我自己的專業都無法應付、需要尋求其他協助的例子。其實你我都一樣，得為自己的不足想辦法。畢竟每個人經歷的都是獨一無二的人生，有太多錯綜複雜的變數存在，不像工廠產線，用一套 SOP 就能產出一模一樣的成品；所以，即使你有理債的基本概念，還是很可能不足以解決所有債務問題。

有的人要面對的，已經不只是借款利率高低，而是數字大到連收入根本不夠償債的人生關卡。在這種情況下，下一步到底該怎麼走？有更快的解套方式嗎？

　　這時我們可以透過財務報表來關心自己的財務變化，如果發現入不敷出的問題，最直接的解決之道，就是「開源節流」，想辦法增加收入、減少支出。而當面臨需要理債的情況，絕對要以現金流的角度來思考，才能有效阻止自己不再掉入以債養債的惡性循環。

理債，財會來TIPS

什麼是現金流？

現金流的概念你一定常聽到，簡單來說就是指個人金錢的流向，「收入－支出」之後的金錢流到哪裡，在我們的腦海中應該要對此有清楚的意識和方向。當流向資產的比例越高，未來就會產生越多非工資收入，提高個人身價。當流向負債的比例越高，就會產生越多債務支出，降低資產淨值。

為什麼錢會流向負債呢？在現金流理論當中，意指我們買了誤以為是資產，但事實上並不會為我們帶來收益的項目。例

如買一台車，事實上只會增加比較多的費用支出，除非我是計程車司機，那才算是能靠車子為自己帶來收入的資產。

所謂的理財和理債，簡單說就是控制「收入－支出」之後的現金流向。了解真正的資產與負債是什麼，確定我們的金錢處於健康的流動狀態。

【圖 3-2：現金流向圖】

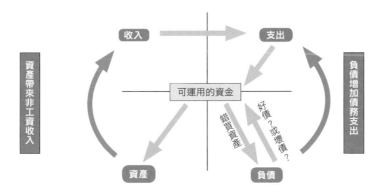

※ 補充說明：收入-支出＝可運用資金，資金應該盡量流向資產，為我們增加非工資收入；要減少錯買資產否則會增加債務支出，更別因為收支不平衡，舉債生活，造成惡性循環。

舉債之後的資金如何運用？

在現金流向圖中，除了可能是我們買到誤以為是資產的項目之外，更常發生的是收支平衡，所以透過負債來增加可運用資金，讓我們有錢可以做想做的事。

有一些進階的舉債致富投資觀念，是利用負債增加可運用資金，藉此增加資產，然而，當我們沒有足夠的理財理債知識或經驗時，通常負債之後就是把錢直接花掉，不見得有能力用來增加資產。而這也是所謂好債與壞債的主要區別，如果你的負債能為你帶來其他附加價值，那就是好債；如果只是單純加重你的債務支出，那就是要優先處理的壞債。

理債之路決策關鍵
——從「收入」與「債務支出」的大小關係做決定

　　想努力理債的你，現在正站在下定決心改變人生的起點。接下來，我將大家普遍覺得複雜的理債之路簡化成 3 條，讓你在了解自身現況的前提之下，能就此決定加速前進的方向。以小黑、小白、小灰 3 人為例：

　　小黑：月收入 5 萬、債務支出 2 萬，收入＞債務支出。
　　小白：月收入 5 萬、債務支出 5 萬，收入＝債務支出。
　　小灰：月收入 5 萬、債務支出 8 萬，收入＜債務支出。

　　3 人的收入雖然相同，但債務負擔明顯有輕重之別，就該選 3 條不同的路，依理財決策圖所示，以不同的方法解決各自的債務問題（注意，這裡的支出是指「債務支出」）。

【圖 3-3：理債決策圖】

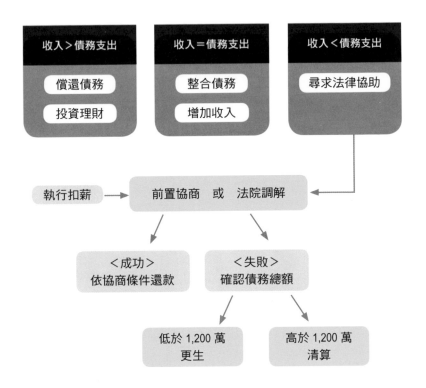

小黑的案例——
收入>債務支出：償還債務＋投資理財

　　小黑月收入 5 萬、債務支出 2 萬，現在在科學園區上班，生活單純。他負債的原因是前陣子剛用多年工作累積的存款當自備款買了房子，現在每個月的債務就是用來償還 30 年期的房貸。他與女友交往多年，預計 3 年內結婚，所以面對剛梭哈見底的存款有點擔心，希望可以趕快再用 3 年時間累積結婚基金。

　　大多數人跟小黑一樣，出社會也一段時間了，可能開始買房、買車，身上多少背了一點債，但又不至於影響生活太多，原則上只要控制好債務支出占收入的比例，就不會突然財務失衡。如果你的收入與債務占比屬於這一類，那麼在債務方面幾乎是健康寶寶，沒有太大問題，但這不代表不用擔心！因為這裡討論的只是「債務支出」單一項目，還有許多其他的生活支出沒有算入，再加上每個人一定有各自想追求的生活目標，很可能你已經有月光危機了。專心還債和理財都該同步進行，持續控制收支，把金錢比例盡量分配得當，才能避免不小心產生債務支出不斷增加的問題。

針對還債與理財的順序，相信你心中也很難找到正確解答。我的建議是，**從確認你的債務利率是否高於理財工具的投資報酬率來做決定。**

　　例如，小黑現在每月的債務支出是 2 萬，如果是利率不到 2% 的房貸，有多餘的錢，當然可以嘗試追求 3 到 5% 報酬率的理財工具，藉此累積自己的投資經驗，同時理財又理債。但如果這筆債務的利率高達 20%，雖然你可能也找得到標榜超過 20% 報酬率的投資工具，但相對也必須承擔非常高的風險與不確定性，這時候，不如先把多餘的錢拿來還掉確定會讓你省下 20% 利息的債務，早點處理，你就可以更無後顧之憂地專心理財。

理債，財會來 TIPS

當收入 > 債務，怎麼解決問題？

專心還債與理財都該同步進行，關於優先順序，就從確認你的債務利率是否高於理財工具的投資報酬率決定。

1. 債務利率高，投資報酬率低：維持穩定的工作收入，專心償債。

2. 債務利率低，投資報酬率高：制定明確的計畫，同時理財
又理債。

....

....

小白的案例——
收入=債務支出：整合債務＋增加收入

....

　　小白收入 5 萬、債務支出也是 5 萬。他一出社會就在百
貨公司工作，擔任主管職，但過去因為工作性質的關係，常
常替自己添買服飾配件，日積月累之下欠了不少信用卡債。
他以前就知道欠卡債絕對不能只繳最低金額，所以快還不出
來的時候，就趕快貸了信貸來還卡債，想說先把利率降低再
慢慢還。

　　前陣子，小白因為車禍受傷，工作休息一段時間，沒有
收入的那段日子，聽說朋友做直銷賺很多錢，所以又跟著刷
卡買了一些產品準備用心經營；最近才忽然意識到，本來借
信貸已經還清的卡債，怎麼在不知不覺中又累積成另一筆新
債務？加上還沒繳完的車貸，現在他每個月等於全部薪水都

得拿來還債。而且這還沒算進其他生活開銷！收入只夠應付債務，可見小白一定要比小黑更積極，想辦法增加收入來度過難關。

無論是單身或已婚、一個人或兩個人，收入都是影響財務狀況的重點，雖然賺得多不一定存得多，但至少就是可運用的資金較多，尤其是像小白這樣，已經發生收入只夠償債的狀況，不再多賺點錢來支應生活，完全沒辦法走下去。

當然，每個人都可能受限於時間或能力，在增加收入這件事上感到茫然，但如果不在收入上多用點心，實在很難只靠理債翻身，因為我們跟銀行借的債，至少都要 5 年以上時間來還，不增加收入的情況，即使乖乖還完債，最多也只是無債一身輕地走入人生下一個階段，但到時可能還有其他問題需要面對，最後還是為金錢煩惱，阻止你邁向新的人生階段。

除了增加收入之外，理債還是最棘手的事，運用前面提到的理債 3 原則，設法找到對你更有利的方案轉貸、減少債務筆數、優先償還小筆、高利等，大都能理出頭緒。

還有一點，理債過程中，最可惜的是明明已經運用有效的方法理債，另一方面卻仍用過去的消費習慣花錢，往往補

完一個洞，又發現還有另外一個洞，這常是理債沒有成效的主因。所以積極理債的同時，還是要努力控管收支，如果你真的沒辦法控制自己，那就狠心剪掉讓你一刷再刷卻遲遲降不了還款金額的信用卡，這是最直接的解決方法之一。

 理債，財會來TIPS

當收入＝債務，怎麼解決問題？

1. 設法兼差，增加收入，但千萬別在還沒賺到錢之前，就預先投入大額資金，又因此欠下新債務。

2. 運用理債3原則，轉貸、減少債務筆數、優先償還小筆、高利，逐步整合債務。

3. 改變過去的消費習慣，致力於節省生活開支，省下的錢優先盡早還完債務。

4. 無法控制自己時，就狠心剪掉會繼續增加債務的信用卡。

小灰的案例——
收入＜債務支出：盡快尋求法律協助

　　小灰收入 5 萬、債務支出卻高達 8 萬。他是送貨司機，因為是公司的開國元老，老板給的薪水一直不錯，偶爾也會發績效獎金。困擾他的是家中有因為不慎跌倒而癱瘓、需要長照的長輩，也因為這樣，他每個月不只要付房貸、車貸，還得負擔看護費用，即使沒有亂花錢，每個月也是入不敷出。雖然小灰嘗試過增加收入，但總因為勞力工作與照顧長輩難以兼顧，體力不勝負荷，無法長久，久而久之，最後也不得不借信貸來過生活。現在光是這些債務，一個月就有 8 萬支出，感覺人生完全沒有希望，當情緒跌到谷底，甚至想過撒手不管，輕生算了……

　　小灰的情況在你看來，可能覺得不可思議，賺 5 萬要還 8 萬？再加上生活支出，不就可能是收入的 2 倍了？然而，這的確是社會上部分人的財務狀況，包含我自己過去也曾經歷過同樣的低潮。當債務金額已經大到短期之內靠增加收入和整合債務都無法支應的情況之下，最快的方式，就是直接透過法律賦予我們的權利去面對它、處理它。

以我自己為例，當年因為繼承了家人債務而被執行扣薪的日子裡，當我發現債務金額就算是年薪百萬，一輩子不吃不喝扣個 50 年也扣不完時，我決定尋求法律協助，以提出債務異議之訴為起點，花了 4 年自己寫訴狀、奔走法院，終於從這場風暴中順利脫身。

大多數人遇到如此龐大的債務問題，都是悶著頭想辦法還債，想到的求援方式不外乎繼續每個月努力生錢出來還，或是向銀行與親友借錢，除了因為債務讓人不想宣揚，沒有可以討論的對象，更多時候是沒有足夠的知識與能力尋求法律協助。

但你知道嗎？這一切其實並沒有你想像中的這麼難，我們不一定要全盤了解，只要有基本概念，知道有債務問題該從哪裡尋求協助，就有機會解決眼前的債務大石，順利獲得重生。

過去在面對債權銀行時，我們也許曾經嘗試拿出誠意解決，卻不見得能得到平等的對待。甚至也聽過卡債族因為循環利率，不到 4 年，債務就翻倍，怎麼還都還不完的恐怖例子……如果你也有以上債務難題，「消費者債務清理條例」——簡稱「債清法」，是一個在近年來對債務人相當有

利的法律支持力量。

簡單來說，**現在的法條提供了有誠意解決債務，但確實有還款困難的人，一個能夠透過法律協助、有效降低債務並在一定期間內獲得重生的方法。**

想透過法律途徑來尋求協助，當然也要理解如何經過不同的程序來解決債務，這也勢必會對生活造成不同程度的影響。所以在真正了解債清法之前，我們先來簡單了解一下你可能需要認識的相關名詞：

 理債，財會來TIPS ⋯⋯⋯⋯⋯⋯⋯⋯⋯⋯⋯⋯⋯⋯⋯⋯⋯⋯⋯⋯⋯⋯⋯⋯⋯⋯⋯⋯⋯

債務相關名詞與法條：

• **執行扣薪**：假如違反了和銀行約定的還款條件，很有可能債權銀行就會採取執行扣薪的方式，扣走你每個月一定比例的薪水。以往銀行執行扣薪都是扣走月收入的 3 分之 1，但到了近期修法後，已規定必須保障債務人最低生活費用的 1.2 倍。當銀行採取執行扣薪時，也請特別注意是否影響到你的基本權益。

【表 3-4：100 年度到 109 年度最低生活費】

| 地區別
年度別 | 台灣省 | 台北市 | 新北市 | 桃園市 | 台中市 | 台南市 | 高雄市 | 福建省 | |
								金門縣	連江縣
100 (1-6月)	9,829	14,794	10,792	-	9,945	9,829	10,033	7,920	
100 (7-12月)	10,244	14,794	11,832	-	10,303	10,244	11,146	8,798	
101	10,244	14,794	11,832	-	10,303	10,244	11,890	8,798	
102	10,244	14,794	11,832	-	11,066	10,244	11,890	8,798	
103	10,244	14,794	12,439	-	11,860	10,869	11,890	9,769	
104	10,244	14,794	12,840	12,821	11,860	10,869	12,485	9,769	
105	11,448	15,162	12,840	13,692	13,084	11,448	12,485	10,290	
106	11,448	15,544	13,700	13,692	13,084	11,448	12,941	10,290	
107	12,388	16,157	14,385	13,692	13,813	11,448	12,941	11,135	
108	12,388	16,580	14,666	14,578	13,813	12,388	13,099	11,135	
109	12,388	17,005	15,500	15,281	14,596	12,388	13,099	11,648	

* 備註：台灣省含宜蘭縣、新竹縣、苗栗縣、彰化縣、南投縣、嘉義縣、雲林縣、屏東縣、花蓮縣、台東縣、澎湖縣、基隆市、新竹市、嘉義市（資料來源：衛生福利部社會救助及社工司）。

● **強制執行法第 122 條：**（資料來源：全國法規資料庫）

債務人依法領取之社會福利津貼、社會救助或補助，不得為強制執行。

債務人依法領取之社會保險給付或其對於第 3 人之債權，

係維持債務人及其共同生活之親屬生活所必需者，不得為
強制執行。

債務人生活所必需，以最近一年衛生福利部或直轄市政府
所公告當地區每人每月最低生活費 1.2 倍計算其數額，並
應斟酌債務人之其他財產。債務人共同生活親屬生活所必
需，準用前項計算基準，並按債務人依法應負擔扶養義務
之比例定其數額。

執行法院斟酌債務人與債權人生活狀況及其他情事，認有
失公平者，不受前 3 項規定之限制。但應酌留債務人及其
扶養之共同生活親屬生活費用。

- **強制執行法第 115-1 條：**（資料來源：全國法規資料庫）
  對於薪資或其他繼續性給付之債權所為強制執行，於債權
  人之債權額及強制執行費用額之範圍內，其效力及於扣押
  後應受及增加之給付。

  對於下列債權發扣押命令之範圍，不得逾各期給付數額三
  分之一：

  一、自然人因提供勞務而獲得之繼續性報酬債權。

  二、以維持債務人或其共同生活親屬生活所必需為目的之

繼續性給付債權。

• 民法第 323 條：（資料來源：全國法規資料庫）
清償人所提出之給付，應先抵充費用，次充利息，次充原
本。

　　以小灰為例，假如他有一天真的因為債務過重，無法正
常還款，而遇上被銀行執行扣薪的人生難關時，可以先主動
了解自己被扣薪的金額比例是否合理。

　　首先，假設月薪 5 萬的小灰單身，家住台北，那麼配
合「強執制行法 122 條」與「109 年度最低生活費標準」來
看，台北市的最低生活費 17,005 元 ×1.2 倍＝ 20,406 元，
可扣薪資月收入 50,000 元－ 20,406 元＝ 29,594 元；但因
為執行扣薪的上限應為月收入的 3 分之 1，因此為月收入
50,000 元 ×1/3=16,667 元，則銀行最多只可扣薪 16,667 元。

　　而同樣的薪資，假設住台北的小灰是單親，扶養一個
小孩之外，他還是家中獨子，必須獨力照顧家中需要長照的
長輩，那麼台北市的最低生活費 17,005 元 ×1.2 倍 ×3 人＝
61,218 元。小灰算出來的數字早已超過 5 萬月薪，以保障最

低生活費的前提，這樣的狀況是可以不用被扣薪的，如果收到了執行扣薪的通知，有權利為自己主動向法院提出異議。

而依民法第 323 條關於執行扣薪的規定，被扣走的錢，原則上會先抵充強制執行的相關行政費用，然後還利息，接著才還本金。假設小灰這次被執行的債務本金是 100 萬，年利率 20%，代表一年的利息就要 20 萬；若是扣薪 3 分之 1，每個月被扣 16,667 元，一年下來被扣的金額只剛好夠還利息。這也正是為什麼被執行扣薪是條不歸路，債務人感覺永遠還不到本金的原因。

有的人被執行扣薪時，覺得反正扣不多，就一輩子讓銀行扣下去；有的人則是乾脆就找領現金的工作，避掉銀行扣薪……但這些方法，只會讓你的人生無法翻轉，應該善用接下來介紹的債清法，來積極找尋出路。

債清法第一階段：前置協商或法院調解

前置協商是透過最大債權銀行來整合所有債務的流程之一，也是債清法規定的第一階段程序。

如果你像小灰一樣，發現自己的債務支出已遠大於收入，超出個人還款能力範圍，就應該趕快主動跟銀行接洽，

了解相關細節。如果你已被銀行執行扣薪，就先發存證信函，要求暫緩銀行強制執行，趕快進行前置協商。有些人的債權銀行過多，債務筆數太複雜，就可以像這樣透過前置協商，由最大債權銀行來一次整合所有債務。

如果你符合以下 3 條件，就可以申請前置協商：

1. 從來沒有參加過「前置協商」或「95 年度債務協商」，或者曾參加「95 年度債務協商」但沒有成立。
2. 5 年內沒有從事營業活動，或從事小規模營業活動且營業額平均每月新台幣 20 萬元以下。
3. 積欠金融機構債務且按期還款有困難。

以下也分享前置協商的好壞，供留意參考。

前置協商的好處：

1. 一次整合所有債務，不需再面對不同銀行與還款日期。
2. 有機會依還款能力和銀行重新訂立可行的清償方案。
3. 避免進入下一階段的更生與清算。

前置協商的壞處：

1. 無法再動用任何信用卡、信貸之未動用額度。

2. 無法再申請新的授信額度，也就是銀行不會再放款給你。

3. 難免影響信用，協商的信用註記為「還款條件履行完畢後
   一年」，也就是你在聯徵紀錄上會有信用瑕疵的紀錄，必
   須等債務清償一年以上，才可以和銀行重新培養信用，重
   新申辦信用卡及貸款。

　　另一種情況是你的債權人可能不只銀行，還有民間的
債務，或是有陳年的債權已被轉賣到資產管理公司，那麼就
適合走法院的前置調解程序來處理債務。這是由於前置協商
主要是由最大債權銀行主導，並無公正第三人介入，因此
2001 年政府就施行新法，新增法院前置調解程序。過程均
依法公正行事，債務人可以不必太擔心權益受損。

⚜ 債清法第二階段：更生或清算

　　前置協商或法院調解，需要和債權人談出一個彼此有共
識的條件，大部分的債務人都可以在此階段順利談成，然而
談判結果若沒有共識，就得進入債清法的第二階段：更生與

清算，才有辦法透過法律途徑解決龐大的債務問題。

申請更生或清算的前提是「前置協商或法院調解破局」，以債務金額 1,200 萬為界線：

· **超過 1,200 萬**

清算：由法院拍賣債務人財產，分配給債權銀行，生活及職業會受限制。

———債務金額 1,200 萬為分界———

· **低於 1200 萬**

更生：由法院依還款能力，裁定分期清償的更生方案，剩餘金額可以全數免責。

從以上說明可以看出，雖然更生或清算會讓你在還清債務前，生活及職業受到某些限制，例如不能擔任保險業務員、地政士、金融從業人員、外催公司催收人員、公司經理人等 121 項職務，但這樣的犧牲換來的是終於有可能兼顧生活的還款方案，宛若天文數字的過重債務，也可望依你的還款能力「打折」減免。

以下也分享清算與更生的好壞，供留意參考。

清算的好處：

1. 透過法院程序，一次清償債務。

2. 沒財產、沒收入，也有機會清償債務。

清算的壞處：

1. 限制生活、住居、出境、從事職業。

2. 影響信用，清算程序信用註記為「清算程序終結後 10 年」。也就是在聯徵紀錄上會有信用瑕疵的紀錄時間為 10 年起跳，必須等債務清償 10 年以上，才可以和銀行重新培養信用，重新申辦信用卡及貸款。

更生的好處：

1. 透過公正的法院程序，裁定合理的更生方案。

2. 依收入扣除生活所需之金額，來分期（6 到 8 年）清償債務。

3. 撐完還款時間，剩餘差額不用再還，等於債務有機會打折。

更生的壞處：

1. 債務人及親屬需要配合法院調查程序。

2. 影響信用，更生的信用註記為「更生方案履行完畢後 4

年，但更生方案有延長者，註記期間加上更生方案履行期間不得超過 10 年」。也就是在聯徵紀錄上會有信用瑕疵的紀錄時間爲 4 年起跳，必須等債務清償 4 年以上，才可以和銀行重新培養信用，重新申辦信用卡及貸款。

◎補充：信用不良一定要這麼長的註記時間嗎？

聯徵中心蒐集、建置的個人資料，經依據銀行間徵信資料處理交換服務事業許可及管理辦法第 21 條第 3 款規定，報經金管會核備，各項資料均有一定的揭露期間，因此無論正面或負面資料，都得等信用註記的屆滿期間過後，才可以停止揭露。也就是說，並不是你的債務清償之後，信用不良紀錄馬上就可以刪除，還必須等最短 1 年（如：前置協商）、最長 10 年（如：清算），才可以和銀行重新培養信用，重新申辦信用卡及貸款。

理債，財會來 TIPS

當收入＜債務，怎麼解決問題？

1. 主動找最大債權銀行，協商可行的還款方案。

2. 若協商或調解破局，則尋求法扶協助，申請更生或清算。

債清法的目的是保障，不是讓你欠債不還

以上 3 條理債之路的選擇，我只用收入與債務支出的關係來做簡單區分，但每個人的債務內容、職業背景、家庭狀況都不一樣，當然還是可能採用不同的決策。

你心裡也許會想，有「債清法」這條看起來最輕鬆的路，不直接選了就好？如果只用幾年的信用註記就能換來一身輕鬆自在，感覺很划算，不是嗎？

在此還是要回歸一原則重點：欠債還是得還錢。進入法律程序，並不是假裝還不出錢，就能把債務打折、一筆勾銷，前提是我們有權利可以聲請，但必須誠實陳報資產及債務狀況，並且經過債權人與法院的查核，能不能順利聲請通過，又是另一回事。

我們還是要有積極面對的勇氣，好好調整自己的財務狀態。能不能從債務問題脫身，關鍵在於你有沒有意願主動解決。

如果情非得已，真的必須透過法律來解決債務時，在債清法的保障之下，的確人人有機會可以從債務中脫身。但面對複雜的法律程序，究竟該如何著手處理呢？其實，你只需要尋求政府提供的免費法律扶助，就可以得到幫助。

　　過去我們對法律扶助的印象，感覺需要具備特定資格才能尋求協助，例如，必須是中低收入戶或是特殊境遇家庭，但法律扶助其實可以提供不需審查財產或所得的例外協助。債務人只要符合債清法的保障資格，都可以善用法扶的免費諮詢資源，透過法律扶助基金會的專業，來幫自己順利完成這一連串的法律程序。

 理債，財會來TIPS

如何尋求法律扶助基金會的協助？

1. 先預約免費法律諮詢服務。

2. 視需求申請扶助律師。

財團法人法律扶助基金會：法扶全國七碼專線 412-8518

網址：https://www.laf.org.tw/

擬定還款計畫

接下來，如圖 3-5 所示，透過調整現在收支、解決過去債務、累積未來籌碼，就能完成財務規劃三部曲，讓自己的經濟狀況步上正軌。

理債這件事，大多是長期抗戰，短則 3、5 年，長則 20、30 年，當我們已經清楚現金流發生什麼問題，才會造成現在的結果，也了解數字背後的意義，並且對於過去所累積的債務有基礎的處理概念與方向之後，接下來，就要開始面對它，認真針對數字，來擬定還款計畫！

設定還款圈目標

在這個財務規劃三部曲的理債部分，最重要的是設定你心中的還款圈，搭配前面章節提到的理債技巧，隨時檢視，盡力往前壓縮還款時間，才有充足的爆發力盡快累積未來籌碼。

【圖 3-5：財務規劃三部曲】

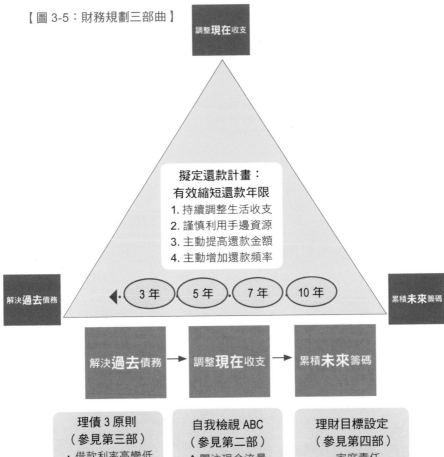

調整**現在**收支

擬定還款計畫：
有效縮短還款年限
1. 持續調整生活收支
2. 謹慎利用手邊資源
3. 主動提高還款金額
4. 主動增加還款頻率

◀ 3 年 5 年 · 7 年 10 年

解決**過去**債務

累積**未來**籌碼

解決**過去**債務 → 調整**現在**收支 → 累積**未來**籌碼

理債 3 原則
（參見第三部）
· 借款利率高變低
· 債務筆數多變少
· 清償順序小再大

理債之路
（參見第三部）
· 收入 > 債務支出
· 收入 = 債務支出
· 收入 < 債務支出

自我檢視 ABC
（參見第二部）
A 關注現金流量
B 關心資產負債
C 檢視投資損益

理財目標設定
（參見第四部）
· 家庭責任
· 財務夢想
· 設立安全網

從收支的根源調整，改變過度消費的習慣、斷絕超出能力範圍的財務負擔，擠出來的錢，就可以提高還款金額或增加還款頻率，來提升償債動能。

　　除此之外，別忘了一定要懂得善用資源，無論是原有資產變現、尋求金融機構協助資源、拜託親友幫忙，或尋求法律協助，都是換取時間的好方式。但當然還是需要經過謹慎的評估思考，別再重蹈覆轍。

如何壓縮還款圈

　　所謂還款圈，是除了金錢數字之外，再加上時間感的概念，讓你看到原本還款的進度。而壓縮還款圈，則能加速你的還款計畫。除了前述的理債建議，接下來就來擬定你的還款計畫吧！

1. 了解你的時間成本和利息成本

　　首先，你可以上網任意找到貸款試算的工具，概算出你手上的債務現況。例如，一筆 100 萬的信用貸款，利率 6%，還款年限 7 年，試算出來每月攤還金

額是 14,609 元，若乖乖照這方案還完，總繳款金額
是 1,227,156 元。那麼時間成本是 7 年，利息成本則是
122.7 萬減去 100 萬，約爲 22.7 萬。

2. 試算減少時間成本或利息成本的還款方案（如表3-6）

3. 還款計畫兩大重點：省時間、省利息

雖然銀行綁定的借款條件，不見得能照我們的意思隨
意變更，每個人能負擔的狀況也不盡相同，但試算過
上表之後，心裡會更清楚集中火力能夠帶來的時間和
利息效果，例如每個月本來只還 14,609 元，如果可以
每月多提撥 5,000 元來做還款的準備，就可能幫自己
壓縮 2 年的還款時間，省下不少利息錢。即使不變更

【表 3-6：100 萬信用貸款的還款方案】

省時間 →

時間	5 年		6 年		7 年	
利率	月付	利息成本	月付	利息成本	月付	利息成本
4%	18,417	105,020	15,645	126,440	13,669	148,196
5%	18,871	132,260	16,105	159,560	14,134	187,256
6%	19,333	159,980	16,573	193,256	14,609	227,156

省利息 ↑

* 補充說明：聚焦省時間、省利息，壓縮還款圈才能先苦後甘。

還款條件，也可以更有目標地提高還款金額或頻率，來替自己省時間、省利息，壓縮你理債路上的還款圈，盡快消除財務阻礙。

還款計畫案例分享

接下來我們就以實際個案舉例說明，供大家參考該如何開始著手制定還款計畫。

個案1：37歲單身小紫

小紫目前從事內勤行政 2 年，工作穩定，月薪 35,000 元，過去的工作經歷大多是服務業，也做過工廠作業員。因為幾年前過度消費，積欠不少信用卡債，目前正在前置協商還款中每月還款 9,000 元，至少已經止血，沒有再新增負債，但因為即將邁入 40 歲大關，希望能更有效率地整頓財務。她平常對於生活開銷沒有特別的概念，所以每個月都卡很緊，戶頭很少有機會超過四位數。也因為如此，這幾年除了醫療險，還強迫自己每個月扣 2,000 元買儲蓄險，希望自己可以邊還債、邊存錢，不想自己還完債都 40 歲了，身邊

還完全沒有存款。

由於小紫平常沒有記帳習慣，雖然已經無法使用信用卡，不再增加負債，而且也加強金錢觀念，知道該好好存錢，但她沒有注意到儲蓄險的利率效果其實遠低於債務利率。再加上因為是以月繳方式儲蓄，等於只剩強迫儲蓄功能。其實她可以試著研究過去累積的儲蓄險效果，將這筆錢解約，拿來提前償債。並把原本長期的月繳儲蓄，改為自律的提存，累積成另一筆用來加速償債的資金。

確認過後，小紫原本的儲蓄保單已存了 8 年，共存進去 19 萬左右，現在解約，可以拿回 17.5 萬。雖然若她持續繳滿 20 年的儲蓄險，每年增值效果大約還可以有 12,000 元，現在解約看似虧了錢，但以她目前 6% 利率的負債來看，每年光是借款利息，就遠大於再過 12 年才能獲得的儲蓄效益，優先還款絕對是更好的決定。

【表 3-7：小紫的還款計畫表】

現金收支表		金額
收入	薪資收入	35,000
	斜槓收入	
	非工資收入	
支出	現在 - 生活開銷	-25,000
	過去 - 債務狀況	-9,000
	未來 - 理財保障	-4,000
月現金流		-3,000

	債務整理表									
債務人	債權銀行	債務種類	借款日期	借款利率	借款總額	原始期數	剩餘期數	每月攤還	貸款餘額
小紫	ＸＸ銀行	前置協商	106.1	6%	57萬	77期	40	9,000	33萬
合計								9,000	33萬

資產負債表		金額
資產	銀行存款	
	股票	
	基金	
	保險	175,000
	動產	
	不動產	
負債	信用卡債	-330,000
	個人信貸	
	助學貸款	
	汽車貸款	
	房屋貸款	
	其他債務	
淨資產		-155,000

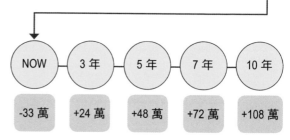

目標：2 年內由負轉正

壓縮還款圈——還款計畫表		
現金收支調整	資產負債調整	還款計畫建議
1. 運用 app 記帳，記錄生活開銷。 2. 評估儲蓄保單是否減額繳清。 3. 一年內開始提存緊急預備金。	1. 確認前置協商還款條件。 2. 確認儲蓄險現值。 3. 評估是否解保單還負債。	原前置協商需要 2 年半全部清償，若解約保單還款，則可壓縮在一年內還清債務，真正開始為自己存下錢來！

- **還款計畫：**

  將儲蓄險解約，迅速降低負債金額至 15.5 萬，並維持之後每月還款 9,000 元的習慣，再加上把每月 2,000 元的儲蓄金額也拿來提前還款，若生活支出再做調整，負債就可望在一年內全部清償。待這一年還完負債，之後若能設法每月存 1 萬，扣除掉還債的這一年，10 年後就可以累積 108 萬（12 萬 ×9 年＝ 108 萬）。

個案2：45歲單親媽媽小靛

45 歲單親媽媽小靛，目前從事外商業務工作 5 年，月薪近 7 萬，最近被減薪至 6.5 萬，獨自扶養一個小孩，孩子剛上小學。過去幾年她因為離婚難免影響情緒，收入雖然不錯，但兩年前聽信朋友的高利投資機會，借了信貸投入之外，還拉親友一起投資，加上同年又為了接送小孩買了新車，陸續累積超過百萬負債。她擔心自己扶養小孩，完全沒有保險，又還沒開始累積退休金，對於未來非常沒有安全感，希望能夠盡快把負債還清。

【 表 3-8：小靛的還款計畫表 】

現金收支表		金額
收入	薪資收入	65,000
	斜槓收入	
	非工資收入	
支出	現在 - 生活開銷	-35,000
	過去 - 債務狀況	-26,413
	未來 - 理財保障	
月現金流		3,587

債務整理表									
債務人	債權銀行	債務種類	借款日期	借款利率	借款總額	原始期數	剩餘期數	每月攤還	貸款餘額
小靛	××銀行	信貸	107.3	10.99%	50 萬	60 期	34	10,859	37 萬
小靛	××公司	車貸	107.3	8%	52 萬	60 期	36	10,544	37 萬
小靛	親友	親友			20 萬			5,000	20 萬
合計								26,413	94 萬

資產負債表		金額
資產	銀行存款	60,000
	股票	
	基金	
	保險	
	動產	
	不動產	
負債	信用卡債	
	個人信貸	-370,000
	助學貸款	
	汽車貸款	-370,000
	房屋貸款	
	其他債務	-200,000
淨資產		-880,000

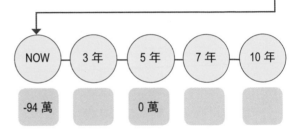

NOW	3 年	5 年	7 年	10 年
-94 萬		0 萬		

目標：5 年內清償負債

壓縮還款圈——還款計畫表		
現金收支調整	資產負債調整	還款計畫建議
1. 生活開銷可能低估。 2. 降低債務支出金額。 3. 增加保險保障。	1. 原借款皆已過綁約期。 2. 低利轉貸降低月付金。	短期內先轉貸降低月付金，但設定目標在 5 年內提前清償債務，屆時 50 歲，才有機會累積退休金。

- **釐清現況：**

  雖然小靛的收支表看起來有結餘，但依經驗判斷，母子兩人的生活費若包含租屋，金額上應該是低估了。若希望能夠在生活中調整出正向現金流，勢必要優先降低目前占了4成薪資的負債支出。因為小靛有穩定的工作收入，且原本的貸款也都超過綁約期限，均可提前還款，因此她可以考量用轉貸方式來降低負債支出，同時滿足做好保險保障與逐步累積退休金的個人目標。

- **還款計畫：**

  目前小靛的剩餘債務含親友借貸共有94萬，若以100萬額度、6%利率、年期7年的信貸條件來計算，每月還款可降至14,609元，和原本的還款金額26,413元相比，等於每月多出約12,000的現金流！若是可以轉貸成功，就能依個人狀況善用這一筆資金。

  例如，她可將12,000元分配為2,000元買保險、5,000元存退休金、5,000元償債準備（留意，此處寫償債準備，是因為銀行的還款條件有所限制，不見得能每個月固定多還5,000元，有時候可能需要累積一定金額，才能單筆

還款）。這樣分配不但可以補足基本的保險，也可以在 5 年後、滿 50 歲時，確定手邊累積部分的退休金，另外在過程中也盡力提撥資金，提前償債。

雖然你跟銀行借 7 年的錢，但不一定要等 7 年才全部還清，100 萬若不細算本金利息比例、計劃用 5 年來清償，一年要還至少 20 萬，專注此一目標，持續控制生活開銷，想辦法穩定工作，甚至增加收入，就有機會在償債過程中，同時滿足財務上的安全感。

個案3：40歲已婚小藍

40 歲已婚小藍，目前在醫療器材公司擔任維修工程師，月薪 5 萬 8,000 元，含獎金則年薪有機會到 70 萬。他 2 年前結婚買房，過去的積蓄幾乎歸零，還跟家人借了 50 萬。房屋貸款 750 萬，同年因為房子裝潢，又陸續貸了信貸約 150 萬，借款的利率條件都很不錯，但過去房貸只還息不還本，從今年開始就得本利攤還了，每月房貸的金額會增加到 28,000 元。加上小孩也快出生，目前老婆沒有收入，家中只有他一個人賺錢，還必須負擔父母住處的租金支出，正想找債務整合公司處理債務。

【 表 3-9：小藍的還款計畫表 】

現金收支表		金額
收入	薪資收入	58,000
	斜槓收入	
	非工資收入	
支出	現在 - 生活開銷	
	過去 - 債務狀況	-60,589
	未來 - 理財保障	
月現金流		-2,589

債務整理表									
債務人	債權銀行	債務種類	借款日期	借款利率	借款總額	原始期數	剩餘期數	每月攤還	貸款餘額
小藍	×× 銀行	房貸	107.6	1.60%	750 萬	360 期	336	28,000	750 萬
小藍	×× 銀行	信貸	107.7	4.70%	165 萬	84 期	61	23,089	139 萬
小藍	×× 銀行	無息分期	109.2	0	8 萬	24 期	20	4,500	6 萬
小藍	親友	親友			50 萬			5,000	50 萬
合計								60,589	945 萬

資產負債表		金額
資產支出	銀行存款	100,000
	股票	
	基金	
	保險	
	動產	
	不動產	11,000,000
負債	信用卡債	-60,000
	個人信貸	-1,390,000
	助學貸款	
	汽車貸款	
	房屋貸款	-7,500,000
	其他債務	-500,000
淨資產		1,550,000

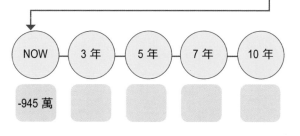

目標：不要再新增負債、盡快找銀行協商

壓縮還款圈——還款計畫表		
現金收支調整	資產負債調整	還款計畫建議
1. 接父母同住，節省租金支出。 2. 不要再使用分期透支。 3. 增加收入，以支應生活開銷。	1. 了解信貸可否降低月付金。 2. 透過銀行整合出更有利方案。	名下有淨資產，但實際上開銷卻很大，必須想辦法降低目前壓力，專注在把債務支出降低，並且不再新增負債。

- **釐清現況：**

  經溝通後發現，小藍買了房子之後選擇還息不還本，又沒有妥善規劃資金，除了一開始買房和裝潢的負債之外，這兩年還有一些分期的卡債需要償還，再加上家庭結構改變、少一份薪水的情況下，短期內要想增加收入、做到平衡支出，實在有難度。負債沉重的他完全不敢面對財務報表。

- **還款計畫：**

  由於加上房貸後的月還款金額，已經超出小藍的薪資收入，建議他可以找貸款銀行洽談，看有什麼辦法度過眼前難關。可能的方案有向原房貸銀行增貸，或可找其他家銀行轉貸，但這大多只是變成讓我們感覺鬆一口氣，手上又有錢可以應急而已。

  最理想的狀態是透過銀行，找出可以實際降低信貸月付金、對自己更有利的新還款方案，談出能力範圍內可以負擔的金額，想辦法保住自己的信用與房子。

  建議不要一直把焦點放在 945 萬的負債，因為房子同時也是資產，只是仍需致力於誠實面對自己的財務現況，

調節收支還是一大重點，若真的無法負荷，把房子賣掉也是一個選項。

理債，財會來TIPS

如果債務已經造成你的困擾，不妨利用還款圈的概念整理思緒，思考怎麼讓自己的債務早日消失不見。

4點提醒，
減少理債理論與現實之間的差距

擬定計畫和實際執行的過程中，當然一定存在理論與實務的落差，在真正面對時，我們往往會有很多內心戲，今天的自己會和昨天的自己打架，明天的自己又不懂今天的自己在想什麼。以下 4 點提醒，可供你提前思考：

認知到真實流量與虛無存量的不同

夾縫中求生存不會只有一種方法，無論是針對現金收支、資產負債、還款計畫等任何一部分的調整，其實都沒有定律可言。務必要記得，**每借一筆錢就是延後了你財務自由的時間**。能讓我們真正感覺到自由的，是每個月足夠支配的真實現金流量；而負債則是先創造一個讓你感覺現在輕鬆了、但稍縱即逝的虛無存量。當你想借錢時，務必記得這一點，不可不慎。

有時吃虧就是占便宜

計畫永遠趕不上變化，所以這段你想專注於清償債務、調整財務的過程，一定沒那麼簡單，可能會出現很多讓你兩難的抉擇，例如，你會掙扎存了多年的儲蓄險真的要拿出來還債嗎？轉貸要付手續費，有划算嗎？自己真的有辦法跟銀行談判嗎？真的要搞到賣房子嗎？

以上種種讓你覺得自己可能吃虧了的事，其實都有機會避免。早在因故累積這些問題之前，你就該正視財務上的失衡。**現在的吃虧也許是占便宜，重點還是要記取這一次的教訓，避免下一次再吃虧。**

避免被負面情緒綁架

財務失衡的日子總讓人在生活上綁手綁腳，你可能因為債務問題失眠多時，被明天要繳的帳單煩得情緒異常低落，不知道怎麼從床上爬起來，面對一而再、再而三的金錢壓力⋯⋯

理債過程中最大的敵人往往不是金錢數字，而是你

的**負面心態**，無論你面對的是多麼困難的處境，首先要振作自己、打起精神，維持收入穩定。

停止一再鑽牛角尖，要相信天無絕人之路，再大的負債都有管道可以解決；勇敢面對債務，是對我們過去人生負責任的一種態度。

富裕與貧窮只有一線之隔

「由儉入奢易、由奢入儉難」，這是大家耳熟能詳的一句老話。**我們可能很難只靠省錢撙節而致富，但至少有機會因此而免於貧窮。**

雖說現在的社會風潮裡，負債可能是提高身分地位的手段之一，但在我看來，還是應該謹慎以對自己運用金錢的心態，別為了現在過舒服一點的生活，過度擴張信用，而造成未來無法承受的沉重負擔。

理債，財會來NOTES

Part 4

累積未來籌碼

未來,
什麼事在等著你,沒有人知道,
現在單身不代表以後單身,現在養兒不一定可以防老,
也不是人人都能追尋「3 年累積 1,000 萬」的退休致富神話,
但你絕對可以做到建構「人生財務安全網」──
安心花你該花的錢,面對任何變化從容不迫、不慌不亂,
無論風雨,都能走得踏實。

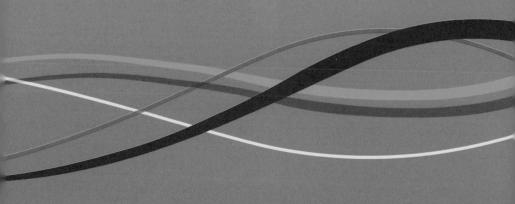

財務自由關鍵 ——
增加收入與理財能力

　　到現在為止，我們已經檢視現在的收支、整頓過去的債務，也提到要適時增加收入能力，接下來就要開始累積未來籌碼。

　　理論上，人一生的收支理想曲線，應該像圖 4-1 這樣：從就業開始，就能穩穩做到退休，理財所得逐年上升，生活支出在完成養兒育女的家庭社會任務後，就會慢慢下降，並

【圖 4-1：人一生的收支曲線圖（理想版）】

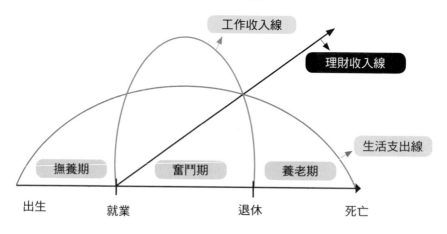

且透過投資理財持續創造理財收入。如果人生真能照著理論走,那麼我們只要做到安分守己,就可以順利步上財務自由的後半生,但偏偏大多數人面臨的現實,卻是像圖 4-2 這樣:

【圖 4-2:人一生的收支曲線圖(現實版)】

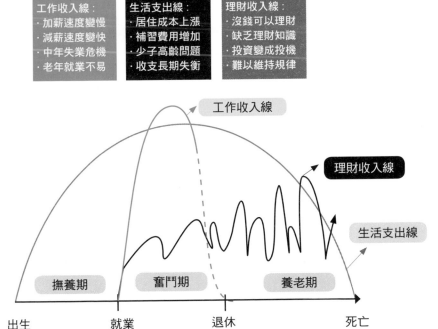

工作收入線:
· 加薪速度變慢
· 減薪速度變快
· 中年失業危機
· 老年就業不易

生活支出線:
· 居住成本上漲
· 補習費用增加
· 少子高齡問題
· 收支長期失衡

理財收入線:
· 沒錢可以理財
· 缺乏理財知識
· 投資變成投機
· 難以維持規律

工作收入線

理財收入線

生活支出線

撫養期　　　　奮鬥期　　　　養老期

出生　　　　就業　　　　退休　　　　死亡

可以看出，想做到財務自由，從現在開始就必須強化增加收入的能力，但要是賺到的錢留不住，也是枉然。我們還必須持續精進理財知識，拉長財務規劃戰線，才有機會讓這一生的財務曲線越來越接近理想版本。

你一定多少聽過一些關於財務自由的理論，很多專家提供自身經驗，告訴我們如何在一段時間內累積特定的成果；而我在此想提供給你參考的理財觀點，不會是吸睛聳動的「如何 3 年累積 1,000 萬」，因為那實在跟每個人的收入有很大的關係。我想給你的，是在未來財務規劃的過程當中，能夠走得安心踏實的基本觀念，讓你在前往實現夢想的路上，無論風雨都能運籌帷幄。

你是理財保守派還是積極派？

我認為，理財目標的設定，跟你是什麼樣性格的人有很大的關係。以下提供你兩個方向參考：找出你是保守派還是積極派，以目標去回推，就會知道你應該追求多高的收入，知道現在要做什麼努力，同時也可以降低未來累積壞債的機率。

有人可能填寫過「投資風險屬性問卷」，市場上各式各

樣的風險屬性測試，無論題目怎麼出，最後通常都經由下列三項指標，來歸類我們是什麼屬性的投資人。你也會發現，不同屬性的人除了對於相同的事情，可能有著完全不同的價值判斷之外，每個人自己也都是多重性格的組合，比如，也許在投資上屬於保守派的人，安排旅行時卻又變得十分積極。

在這裡，讓我們聚焦一下，了解看看自己面對設定理財目標時，在各項指標中，你偏向哪一派別？又分別需要注意哪些事呢？

1. 風險承受 ＝ 你的抗壓性

保守派：凡事總是需要經過精心策畫，深怕發生任何不可掌控的突發狀況。

積極派：隨遇而安，只管眼前能夠掌握的事，不浪費力氣給自己設框架。

2. 獲利期望 ＝ 你的賭性

保守派：步步為營，安全最重要，不隨意嘗試新事物。

積極派：勇於冒險，追求刺激，壓錯寶大不了下次再重來。

3. 投入時間 = 你的耐性

保守派：願意爲長遠的目標，忍受長時間的努力及等待。

積極派：成功貴在速度，追求有效率用最短時間達成。

保守派——以家庭責任出發

在設定未來目標時，我們往往優先想到的可能是結婚、生子、買車、買房，不過現在並不是有土斯有財的時代，在專注於這些目標之前，保守派的你可以從思考最基本的生活所需開始，回推你應該怎麼規劃還有工作收入的日子，把自己現在和未來的生活照顧好，才不會一不小心變成收入低、沒存款、無依靠的「下流老人」。

【圖 4-3：退休前後生活費】

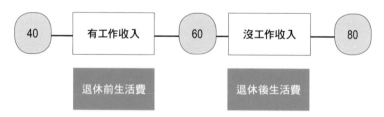

無論你現在多大、未來想工作到幾歲，以現在職場上對中高齡者的工作條件限制來說，簡單以 60 歲做爲分界，也就是這年紀之後可能沒有工作收入了。

　　假設我現在 40 歲，預估自己會活到台灣人平均壽命的 80 歲，在未來僅剩的 20 年工作奮鬥期當中，至少要拚出 40 年生活費（如圖 4-3）。

　　假設以每個月希望有 2 萬元生活費來計算：2 萬 ×12 個月 ×40 年＝ 960 萬。無論你心中的數字是多少，算出來的總讓人有點距離感，就讓我們回推成現在應該賺多少，比較實在！ 960 萬 ÷ 工作年數 20 年 ÷12 個月＝ 4 萬。

　　一個月 4 萬這數字有感覺親民一點嗎？這算式是要讓你知道，現在賺的薪水眞的不能隨便揮霍，要記得留口飯給未來的自己吃！

　　你可能有個疑問，現在的收入還有很多家庭責任要負擔啊，眼前的開銷都沒辦法過關了，要怎麼想到退休那麼遠？

　　事實上，在肩負家庭責任的這段時間，是有理財工具可以幫你解決很多問題的，但回歸原點，積極的增加工作收入、持續創造並累積非工資收入，一定是必要解方！保守派的你若不想在未來一直羨慕別人的生活，那就必須趕快行

動,讓自己在有限的時間裡,至少累積顧好自己未來生活的籌碼,避免成為下流老人。

積極派——以財務夢想出發

有一種理財界普遍用來設定未來目標的方式,是針對每個人短、中、長期的財務目標,推算出一個數字,想辦法努力存到它,然後,花掉它。

以大多數人會有的買房夢想為例,這樣的目標設定法會告訴你:其實月薪 3 萬也可以買房不是夢!假設你月薪 3 萬,剛出社會就設定買房夢想,省吃儉用,吃家裡、住家裡,一個月存個 15,000 元應該沒問題。15,000 元 × 12 個月 × 10 年 =180 萬,哇!原來只要 10 年就有機會存到一筆買房的自備款!

然而,這種算法沒幫我們算到的,是**買下去之後要承擔的責任**。

以 20 年房貸 2% 利率來計算,每借 100 萬,大約一個月要負擔 5,000 元左右的房貸支出,也就是說只要借到 600 萬,每個月就要付 3 萬房貸。當然,現在的房貸利率沒那

麼高，年期也都可以拉更長，但以現在的房價或貸款成數來看，只存夠了自備款就衝動買房，怎麼想都是很危險的事。

無論你的財務夢想是什麼，都不能覺得存到就算達成！你還得思考達成之後的後續責任，自己是不是真有能力負擔。再者，要提醒積極的你，留口飯吃還是最重要的事，退休必須要從現在開始，以無痛的方式用時間來累積，別只為了追求財務夢想，一路完成這些責任後才發現，手邊沒有能夠照顧好自己的退休金！好比圖 4-4 這樣，你依夢想逐步實現了 25 歲買車、30 歲結婚、40 歲買房……但，退休呢？就這樣被迫延後了，得等到完成家庭責任、沒有工作收入的時候，才能考慮嗎？

其實，前面這些買車、結婚、買房目標，都不是非達成不可，唯有「退休」才是每個人都一定要面對的事！

若積極派的你原本規劃了許多人生目標，準備逐步達

【圖 4-4：財務夢想計畫（一般版）】

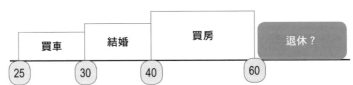

| 買車 | 結婚 | 買房 | 退休？ |
| 25 | 30 | 40 | 60 |

成，那麼你的未來規劃應該稍微修正一下，像圖 4-5 這樣：把以後確定要面對的退休規劃提前，讓自己在有收入的時候累積準備。讓財務夢想可以兼顧未來的退休需求，這樣才會是完整的財務夢想計畫：

【圖 4-5：財務夢想計畫（完整版）】

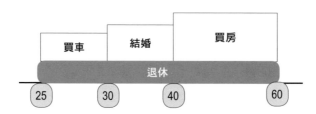

從扛債人生走向財務自由

建構財務安全網

　　理財工具或方法只要運用得當，都有機會讓我們加快財富累積速度，但所有計畫都可能都趕不上變化，小的變化也許只是拉長你達成目標的時間，大的變化卻會讓你所有累積的努力歸零！甚至最後變成負債。「保險」是個在財務目標規劃上非常穩健的理財工具，除了可以儲備未來確定需要的錢，更可以替你帶走未知的風險。大多數人買保險的重點都放在價格和商品比較的層次，但事實上，能解決你擔心的問題、在特定時間點讓你有確定的錢，才是這項理財工具的最大優勢。

【圖 4-6：三明治族奮鬥期】

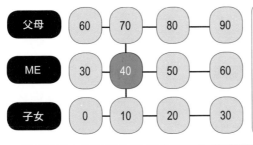

三明治可能面臨的問題有：

• 可能面臨上一代醫療照護的問題。
• 擔心自己生病受傷變成家人負擔。
• 需要準備下一代的生活教育費用。

上一代的養老期 + 下一代的撫養期 = 你的奮鬥期

讓確定的保費，帶走不確定的風險

　　如果你跟我一樣也年過 40，身為上有老、下有小的三明治族，可能會面臨上一代醫療照護的問題、擔心自己生病受傷變成家人負擔、需要準備下一代的生活教育費用（如圖 4-6），這時請務必讓保險為你建構一張財務安全網。

　　保險最大的優勢，是用確定的保費為你帶走不確定的風險，這不是我的創新理論，是所有了解保險的人都知道的事。就以我自己親身經歷的故事為例，上一代在做不動產投資時，若能同時懂得利用保險這項工具來架一張安全網，下一代就不會是「從負開始」，而是「從富開始」的天壤之別。我們辛勤工作，一磚一瓦努力堆疊夢想中的家，透過投資理財提升自己與家人的生活品質，也別忘了保險是讓這一切美好不畏風雨的最佳工具。但保險不斷推陳出新，感覺永遠買不完，到底該怎麼規劃基本而完整的財務安全網？

・上一代的醫療照護問題

　　我在保險實務上，經常遇到當客戶當面臨長輩需要保險時，才發現以前買的都是定期險，完全沒辦法得到保險

幫忙。建議如果可以，找兄弟姊妹一起討論，例如幫父母規劃身故後會退還保費的終身險種。這是一種責任提前準備的概念，萬一上一代發生事情會具備放大金額的槓桿效果，例如一個月原本 5,000 元的保費可以補貼一個月 20,000 元的看護費。平安健康時雖不需要，但就當存錢，這樣即使上一代有一天離開了，這筆錢也會回到你身上，成為你的退休金。

· 自己生病受傷的隱含成本

每個人擔心害怕的事情不見得一樣，如果你跟我一樣是家庭經濟支柱，會擔心生病受傷除了沒收入之外，還要付醫藥費，而且生活開銷又躲不掉，那就一定得找你的業務員好好討論，如何透過保險解決這些隱含成本的問題。後面章節會更深入說明。

· 在確定的時間達成財務目標

說實話，保險的報酬率實在很不好，但卻有其他投資工具所沒有的特殊功能 —— 唯有保險能保證在確定的時間、把確定的金額、交到確定的人，也就是你的手上。

例如，我想要 10 年後有 100 萬當小孩的留學基金，自己慢慢存，當然也可以，但保險是利用強迫機制，讓我

們更容易達成目標，降低其他因素影響這個目標的可能性，畢竟人性常是我們無法及時達成財務目標的主因。

如何準備退休金？

前面提到，每個人的理財目標不盡相同，但唯有退休是你我都要面對的課題。

但退休金可以怎麼存？讓我們一起來了解。首先，政府和企業會我們準備多少退休金呢？

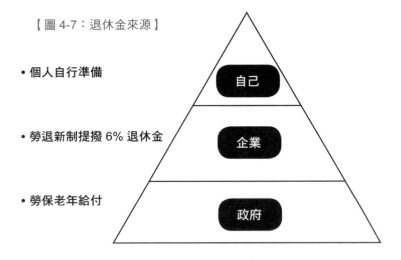

【圖 4-7：退休金來源】

• 個人自行準備

• 勞退新制提撥 6% 退休金

• 勞保老年給付

你可以上勞動部勞工保險局查詢，試算一下，在台灣現行的社會保險制度之下，政府和企業會為我們準備多少退休金：

- **想查詢你的勞保老年給付**：勞保局網站→便民服務→簡易試算→勞保、就保個人給付金額試算→選擇「一次請領老年給付」或「老年年金給付」。
- **想查詢你的個人勞退專戶**：勞保局網站→業務專區→勞工退休金→個人專戶。

✿為什麼一定要自己準備退休金？

如圖 4-7 所示，退休金的來源主要是政府勞保＋企業勞退＋自行準備。目前一般人最擔心的就是勞保破產問題，不確定勞保是否真能在退休金字塔中做為最安穩的底層。而企業提撥的勞退金，以目前政府公布的數字看來，若選擇一次提領，平均約為 60 萬元，這樣的金額肯定無法讓我們過上理想的退休生活，更不用說如果你是自行投保工會的勞工，根本沒有企業勞退這部分的保障。

假設你現在才 40 歲，在台灣少子化、高齡化的趨勢

之下，要想期待未來 20 年的社會保險制度，保費能夠繳得少，又想在退休領得多，可說是不可能的事。所以個人自行準備的退休金，對於退休生活非常重要。

為了不讓自己到老才發現錢不夠用，我們必須盡快開始為未來的自己做財務規劃。

退休金準備工具

根據我輔導客戶的經驗，規劃長期的理財目標，其實不需要極敏銳的數字概念，但一定要有萬分堅定的信念！

如表 4-8 所示，市面上有許多退休金準備工具，也有許多專家與理財書籍教我們怎麼利用不同商品組合，來計算投資績效的方法，但我個人認為，市場的波動因素算不準、過去也不代表未來，唯一能掌握的就是自己的執行力。

準備退休金的時間很漫長，無論你選擇什麼工具，做怎麼樣的比例分配，最重要的是記住「風險」這個影響甚鉅的關鍵因素，所以不建議以其他圖 4-8 以外風險更高的工具做為退休金準備，因為退休金絕不是可有可無，而是一定要有！

那些能擁有令人稱羨退休生活的人，大都是因為早就理

財理出自己的一套方法。我有的客戶靠收租、有的客戶靠股利、有的客戶靠儲蓄險，不同工具的共同祕訣，其實都是靠「**時間**」，長期持有及累積而成。即使是非常懂得短線操作投資商品的專家，也絕對會做一道最後防線，懂得在用錢滾錢的同時，把獲利落袋爲安，放進安全的保險箱。

我曾經碰過一個客戶，她的退休金來自於自己一輩子東省西省、連老公也不知道，把現金藏在家裡各個角落的私房錢。我會知道她有這筆錢，是因爲她告訴我，幾年前，她聽說投資人民幣很不錯，於是把台幣拿去換了人民幣現鈔，繼

【表 4-8：退休金準備工具】

常見工具	風險提醒	特性
活存／定存	只有通膨風險	最簡單也最困難！極需定性自律
儲蓄險（台外幣）	自己存不滿＋匯率波動	具強迫機制，靠時間累積
基金／投資型保單	注意市場波動、需長期投資	學習了解市場趨勢的好入門
股票	注意市場波動、產業輪動	學會個股分析有較大獲利空間
房地產	避免過度債務槓桿	要注意交易成本並了解相關稅務

續放在家裡。結果需要用錢才發現，外幣匯兌有些她不知道的額外費用，而且如果開外幣帳戶，又會被老公發現……

但即使這樣，她還是扎實存下了一部分退休金，勝過很多屆臨退休卻不小心跌了一跤的投資人。

⚘ 思考準備退休金的兩大方向

到底該如何開始準備退休金？我建議可以抓住下列二個方向，馬上開始：

- **累積能單筆提領的退休金**

  你認為一個 60 歲退休的人，身邊應該有多少錢或多少資產？訂定你心中的金額，盡力累積退休時可變現的任何資產或現金。

- **累積能源源不絕的被動收入**

  當退休沒有工作收入，唯一的收入來源就是靠過去理財投資的累積，可能是社會保險給你的老年年金、每年的股票配息、房地產的租金收入、儲蓄險的還本金……如果這些能夠抵過基本生活開銷，花完了還有錢會再進來，那就達到真正不用為錢煩惱的境界。

這兩大方向要是能顧及，代表你退休後的基本生活可以依靠固定的收入來源，並有餘力完成未完成的夢想，擁有更好的生活品質。

🌱 退休是需要被獨立看待的財務準備

人生是一個不斷面對變化和挑戰的過程，原則上隨著你的生命階段不同，身分角色不同，就該有不同的金錢分配，比如：單身、已婚，或有無子女，一定會影響我們日常的財務分配，但退休卻是需要被獨立看待的一件事。原因是：你現在單身不代表以後單身，今日養兒也不確定未來是防老還是「妨老」。

需要每個人投入長期抗戰的「退休」這一終極目標，最大的難處往往在於「自己沒錢存」和「有人幫忙花」，但兩者最終都取決於金錢管理的能力。

我們都知道，退休就是把眼前能運用的金錢做更長遠的規劃，持續規律、積沙成塔。你問我，對於自己的退休生活有什麼期望？我想，不求大富大貴，但至少要三餐溫飽、有吃有住吧，先求有、再求好！

如果你跟我一樣都 40 歲了，卻還沒開始準備退休金，

現在該從何開始？依據前段提到的兩大退休準備方向，假設60 歲退休，活到 80 歲，以現在台北市最低生活費約略估算每月 2 萬元，退休金準備的兩個方向，你可以像這樣編列：

1. 累積能單筆提領的退休金：現在每月存 2 萬，累積 20 年共 480 萬。
2. 累積能源源不絕的被動收入：努力累積未來每月領 2 萬的資產。

　　以上兩者做到其一，就能維持基本的退休生活品質，兩者兼顧更勝一籌。

❦ 保險理財好處多，退休規劃不可少

　　看不到利潤空間，時間又都拉那麼長，把錢放保險感覺很沒效率，怎麼還會覺得保險不可少？

　　如果以投資的角度來看，保險真的完全不應該納入考量，但從理財來看，卻具備許多也許你沒注意到的好處：

- **好處 1：足以抵擋不測風雲的退休金**

  大家對於人生的規劃都很美好，但有時命運的安排不見得如你所願，所以當儲蓄險回歸保險本質，帶來的好處就是萬一發生事故，資產變成遺產，這是一筆即時可用的現金，能夠做為你其他資產的稅源準備，保障所有規劃如你所願。

- **好處 2：能夠不受景氣影響的退休金**

  所有累積資產的投資工具，都與市場有所關連，也就是你想賣，也得要有人買，市場價格決定你拿回來的資產價值。但透過保險做的退休金規劃，可以讓你在確定的時間擁有確定的資產，不受市場景氣影響。

- **好處 3：可以克服人性弱點的退休金**

  在長期的財務規劃過程中，最困難的就是克服人性。想像你自己，如果手邊有一筆錢，真能做到不動它的歪腦筋，乖乖分配好一個月只能花多少錢，而且連續做個 20 年嗎？透過保險規劃，就可以做到讓你「眼不見為淨」，用時間存下一筆錢來，你也可以利用保險策略性地規劃不同時期想給自己的獎勵金。

✿ 退休規劃重點提要：以我的退休金藍圖為例

最後再次提醒，退休規劃的重點提要：

· 先求有再求好，馬上開始

對退休開始有意識的這個年紀，在兼顧家庭責任和生活品質的情況下，要能每個月拿 2 萬出來存退休金，並不是一件簡單的事。萬事起頭難，正如前面提到的儲蓄險規劃，你可以先從月收入 4 分之 1 的金額開始，存下一筆退休後可以保證一次提領的金額，馬上踏出第一步，3 年、5 年過去，你才能離理想的退休生活更近一點。

· 務必分散風險，獲利先落袋為安

選擇適合自己的投資理財工具，但雞蛋不要放在同一個籃子裡！

現在不是只靠儲蓄就能有錢的時代，所以部分的錢雖然要能保本，但也一定要有部分的錢拿去衝鋒陷陣。

你可以幫自己開設累積一個獲利帳戶，投資理財的獲利都利用落袋為安的概念把錢鎖起來。想像一下如果左手賺錢，右手就順便把賺的錢轉進一個專門存獲利的帳

戶，看到這個錢母帳戶一直長大，是不是很有成就感？

接下來就以我 40 歲才開始的退休金藍圖為例，供大家
參考：

- **選擇投資型保單──累積單筆退休金：**
  用投資型保單帳戶從保險公司買基金，同時也可以提高
  壽險保障。這是因為商品的架構會包含部分壽險成本，
  所以可以讓我們在投資過程中，同時補足壽險的保障。
  比如：我每個月投入 5,000 元，20 年本金累積 120 萬。
  可以不定期增加投資額度，其他投資有獲利的錢，可以
  再放進來這個帳戶來累積。

- **選擇儲蓄型保單──累積被動收入：**
  累積月領及年領的還本型保單，讓未來的固定收入越來
  越穩定。比如：我每個月投入 1 萬，20 年本金累積 240
  萬，存到可動用的確定本金，創造現金流。

- **選擇基金／ETF／股票：**
  我會從銀行直接扣款買基金，也會另外買 ETF 零股。另
  外也持續學習股票技術分析，可選擇有股息的股票投入

固定資金進行個股操作。外加我每個月投入 5,000 元投資，20 年本金累積 120 萬，淨值可能波動，但可以累積靈活資金。

- **選擇理財型房貸──當成退休金備胎：**

  第一部介紹的理財型房貸，是房貸的其中一種選擇方案，可以讓你在償還貸款之餘，空出本金額度，需要用錢時隨借隨還。這讓我在繳房貸的過程多一點資金的彈性，確定等到 10 年、20 年後，我需要用到一筆錢時，不用擔心房價不好或是自己的收入狀況而無法貸款。比如，我每個月償還房貸的本金約 2 萬，因為選擇的是理財型房貸，等於 10 年後至少有 240 萬可以動用，借款利率雖然會依當時利率環境而定，但至少未來需要資金時，自己的手上握有選擇權，可以做為退休金不足的備胎。

◎備註：以上個人建議的數字及工具，只是概念分享，每個人經濟狀況不同，投資屬性也不同，但比重一定要隨著年紀有所調整，但切記「保本」「穩定」「確定」，絕對是安心退休的必備元素！

資產規劃經驗談

　　讀到這裡，你可能心有疑問，在如何準備退休金的章節中，我列出了房地產這個工具，但為什麼只提到利用理財型房貸做為退休金的備胎，卻沒有對它多做說明？

　　在台灣人「有土斯有財」的傳統觀念裡，房地產是個大多數人都想追求的階段目標，如果能夠多買到幾間房，買賣還可以賺價差，分租出去又有固定的租金收入，加上現在政府力推的「以房養老」，擁有一間又一間的房地產，不就是退休最大的保障嗎？

　　從這裡我想帶出一個觀點：資產之所以需要經過規劃，是因為我們希望能夠創造最大效益、減少相關損失。但無論你手中持有什麼資產，都必須面臨相關法規的限制、市場景氣的波動，以及意想不到的人生意外。

　　我走過負債人生這一遭，專業知識也跟著提升之後，發現同樣的工具，可能會造成不同的結果。例如，在我的成長經驗裡，不動產是上一代替我們創造優渥生活的工具之一，

但最後卻也變成壓垮正常生活的那根稻草。最大的主因是我們通常都只看到投資理財工具帶來的好處，卻沒有換個角度思考風險的習慣；也因為如此，我個人認為選擇房地產這項金額不小的資產規劃，需要建備更多的專業知識，才能有效避開相關風險。

接下來我們就來檢視，你的資產規劃方式是有地雷的嗎？

資產規劃地雷1：過度的債務槓桿＋沒有做好稅源準備

我的父母因為經營外銷成衣事業，又搭上炒作不動產致富的順風車，造就了我從小過著優於一般小康家庭的富裕生活。然而，家中 13 間不動產，最後卻因為母親突然倒下，過度的槓桿操作與超高的遺產稅率，到最後一間也不剩，甚至演變成被黑道追債，影響下一代的我走過長達 20 年的背債人生。

這是親身經歷，我可以斬釘截鐵地確定，即使身邊有再多的專業律師、會計師，再怎麼精算都沒辦法幫你算到措手不及的人生風險。

能夠擁有資產的人，通常具備金錢管理能力，並且很清楚什麼方式可以替自己創造財富，但以投資單價高額的房產為例，買進買出的行政仲介費用、過度的債務槓桿與遺贈相關稅務問題，若沒提前準備需要繳的稅，可能在不久的將來衍生出其他問題。在投資這麼大筆錢、背下更多房貸之前，這個地雷必須小心避開。

資產規劃地雷2：投資過度分散

　　很多積極型投資人，都很懂得如何做風險分散，但有時卻會碰到資產過度分散的問題，例如，把資產分散在海外，或是投資在國內法定資產查詢系統完全無法追查到的地下管道。這樣的安排，有可能是因為投資人往返國內外的工作生活型態而來，但卻會造成很多未來的資金流動、稅務問題、繼承困擾。

資產規劃地雷3：與親友共同持有資產、互為保證

　　幾個好朋友一起投資不動產，說好以後買賣獲利均分，

租賃就輪值當管理人，大家投資時都談好分潤比例，一直有穩定的收入好幾年。

像這樣眾人集資的資產規劃，可說是隨處可見，無論是白手起家的創業合夥，或是親友之間的資產共有，雖然不見得未來會發生意見不合，卻常見萬一有人倒下，繼承人無法接受原本協議的狀況，若是加上互做保人的債務問題，又變得更加複雜棘手了。

預先練習：預見資產背後隱藏的風險

正如你在享受罪惡美食時，要想到之後留在身上的肥肉如何鏟除；在被家電廣告的多功能吸引時，要想想萬一故障後該怎麼處理維修；同樣的概念，無論是個人的退休金，或是對於身後遺產的規劃，有時我們現在以為的資產，最後可能會成為自己未來的困擾，甚至成為下一代的負債。

每項工具都是一門學問，培養自己用一體兩面的角度思考資產規劃，做最好的準備與最壞的打算，會讓你走向更堅定安穩的未來。

做好財務災害管理
—— 保險怎麼買？

前面談退休規劃被動收入時已約略提到，相較於投資工具，保險存在哪些財務災害管理的優勢與好處，接下來就來細談強化你財務安全網的保險應該怎麼買。

大多數人都願意主動了解股票、基金、不動產等眾多理財工具知識，即使沒有投入時間認真學習，都可能會矇著眼睛、跟隨有緣人的腳步，把大筆錢財投入賭一把；而「保險」是個非常特別的工具，我想除了因為我本身是保險業務的專業需要之外，一般人應該很少認真地全盤研究。在你心中，也可能存在著對於保險的成見或疑問，讓你不想了解或不知該如何開始了解。

然而，在追逐理財目標的這條路上，保險其實是個開外掛的重要工具，能夠幫你擋掉一些自己從沒想過的突發狀況，減少因為疾病或意外所帶來的生活與財務衝擊，絕對值得你好好研究了解！

保險就跟架上的衣服一樣，家裡永遠少一件，出門永遠買不完！每家業務都講自己好，到底應該怎麼選擇才能買得好、買得巧、買得剛剛好？

接下來就帶你從如何決定規劃的「順序」「險種」「保額」來依序了解，你究竟可以花多少的預算買保險，為你與家人做到多完整的保障？開始為自己架構一張無後顧之憂的財務安全網！

❦ 第一步：如何決定規劃順序
──先解決你最擔心的事

如果以 1 到 10 來做比例分配，先問問自己，生、老、病、死、殘，你所擔心的比重順序為何呢？那就從你最擔心的那一塊開始規劃（如圖 4-9）。

【圖 4-9：生老病死殘】

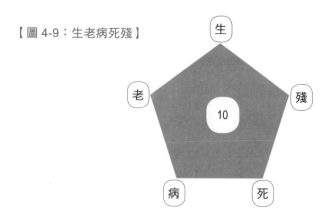

☘第二步：如何決定購買險種
──利用特定險種解決特定問題

請見圖 4-10，了解你所擔心的問題，應該透過什麼險種來替你解決。

【圖 4-10：保險規劃圖】

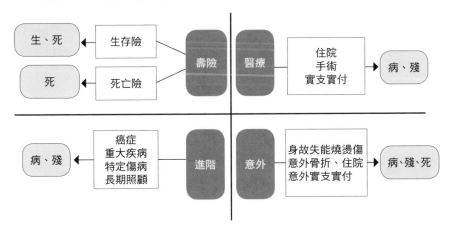

⚜ 第三步：如何決定保額

——取決於你的責任與期望

　　保額在保障型商品通常代表你實際可以拿到的保險金額，用在理財型商品則通常是個用來計算增值效果的基準。你一定有過買了保單但後來想不起來在買什麼的經驗，假如能把自己設定的責任和期望實際投射進去，你會在繳保費的時候比較甘願，清楚你所買的保險是為何而買、為誰而買。

　　以下跟你簡單分享眾多險種的規劃方針，讓你參考保險可以這樣買！

關於壽險

- **生存險**：也就是儲蓄險，可以拿來設定你 6 年後、10 年後的財務準備；也可以利用還本的機制累積源源不絕的現金流，當然這也是高資產族群規劃傳承很好的工具，可用其指定受益人或分期給付的功能，來做為可以提前規劃的資產分配。

- **死亡險**：也就是壽險，主要的功能是帶走死亡產生的風

險。保險通常都有終身與定期之分，終身就是繳完保你一輩子，定期就是只保障你一段特定的期間；你可以依自己目前肩負的家庭責任輕重，來做規劃。

 理債，財會來TIPS

黑媽的壽險建議：

1. 可以累積小錢：以孩子的壓歲錢規劃為例

把小孩壓歲錢投進 20 年期的儲蓄險，讓小孩一出社會就有本錢！一年 1 萬多就可以買，等孩子 20 歲時就至少有 20 萬的概念。

2. 善用還本機制：以旅遊基金規劃為例

利用儲蓄險的還本機制，讓辛苦累積的同時，也享受增值效果帶來的獎勵。例如，花 6 年時間累積本金，之後利用每年的還本金，做為固定旅遊基金。

3. 現在就要開始：以退休基金規劃為例

如前面談退休金時提到的，大筆金額的生活支出，如果能有足夠的時間準備，就不會感覺壓力太大。因此善用保險的長期特性來規劃退休金，是個非常理想且安全的方法，

同時也具備穩定確定的工具特質，應該現在就趁早開始，別浪費你在這關鍵奮鬥期的累積時間。你可以想像自己是在買一個以後有固定租金收入、供你養老的不動產，差別在於你不用管這棟「隱形房子」的地段、景氣與維護費用，就讓你成為有穩定收入的包租公、包租婆。

4. 如果有一天你離開了：以喪葬費準備為例

你可以用生前契約或提早買靈骨塔位等方式來做喪葬規劃，但你知道嗎？除了喪葬儀式之外，據我所知，最大筆的支出往往是設立臨時靈堂的費用，一個小房間可能一天5千、1萬跑不掉；而保險就是即時的現金，你可以透過終身壽險來減輕自己離開之後留給家人的負擔。

5. 如果你的孩子還小：以家庭責任準備為例

假設你年收入50萬，小孩現在還小，那麼你可以規劃買20年期的500萬定期壽險，保障你萬一發生意外風險時，小孩還未成年需要照顧，這筆錢可以適時補上少了你的那一份家庭收入。簡單來說，就是準備好10年的收入，可以幫忙分攤另一半辛苦的概念。

6. 可以一筆勾銷債務：以房貸壽險為例

個人認為這是壽險最強大的功能，雖然現在的法律上已採

限定繼承，其實不用過於擔心債留子孫，但你也不希望自己打拚一輩子的資產化為烏有吧？大多數有資產的人，身上多少都扛著置產型負債，如車貸、房貸，你可以利用你的負債額度來規劃。例如，你是家中負責扛房貸的人，就可以向銀行買房貸壽險，確保萬一有一天你人不在了，房貸壽險可以協助支付剩餘的房貸，你的不動產就不會因為家人沒能力繳納剩餘貸款，而淪落法拍的命運。

關於醫療險

- **住院險**：也許你心裡會想，現在台灣都有全民健保了，幹嘛買這個？住健保病房哪需要花什麼錢？其實，住院險的保障可以用來補貼自費病房的差價，以及你生病受傷時無法工作的收入損失。而且別忘了，你一人住院，還可能影響全家人工作或需要請看護，這些全民健保沒辦法涵蓋到的隱含成本，你可以透過保險規劃來預先做準備。
- **手術險**：隨著醫療技術的進步，越來越多手術已經不需

要住院就能完成，但你可能需要一段時間的休養，手術險除了可以做爲自費手術的準備之外，也可以做爲術後營養品的補貼金，讓你能安心休養。

- **實支實付**：買保險就是爲了生病受傷的醫藥費有人幫我們買單，所以這是絕對要規劃的險種，但要注意的是這需要以住院或手術爲前提，感冒看醫生、牙痛看牙齒之類的醫療跟這沒關係。

 理債，財會來TIPS

黑媽的醫療險建議：

1. 終身或定期，量力而為

買了定期，你可能會抱怨業務員怎麼沒講老的時候會沒保障？買了終身，你可能會抱怨業務員怎麼為了業績讓你保費貴上那麼多？

簡單來說，定期型醫療保障是責任重大期的財務安全網，但沒有保單價值。終身型醫療保障則解決年老的醫療問題，如果健康沒用到，身故甚至還會退你保費，當然比定期型貴上不少。

凡事都有一體兩面，原則還是一樣：你必須思考買的保險是否能解決你的擔憂。

2. 少賺的工作收入與多花的醫療費用

市面上險種眾多、競爭激烈，3個業務可能會給你9種方案，我個人的觀點是，醫療險至少要能解決我少賺的工作收入與多花的醫療費用，這一點，同樣回歸到你自己心中的責任與期望，不用跟別人比。現在就自己試算一下你的醫療險到底夠不夠吧！

關於進階醫療險

· **癌症險**：主要給付癌症後續療程的相關費用。
· **重大疾病險**：包含癌症的七項重大疾病，一次給付。
· **特定傷病險**：綜合多項特定疾病的保障，一次給付。
· **長期照顧險**：失智或失能造成生活無法自理的長期補貼。

當你有能力負擔到進階醫療險時，你會發現有非常多各式各樣的商品，一家公司的單一險種，就有好幾個不同年期

的方案可以選擇！唯一相同的是，用到進階醫療時都不是小病小痛、而是需要長期抗戰的過程；建議你一定要找個你信任的保險業務員，才能在購買時清楚知道自己買的是什麼，理賠時也能更安心、更有效率！

 理債，財會來TIPS ⋯⋯⋯⋯⋯⋯⋯⋯⋯⋯⋯⋯⋯⋯

黑媽的進階醫療險建議：

1. 萬一生病，身邊要有多少錢才能安心養病？

假設今天罹患的是癌症，需要暫時放下工作，專心治療，你會不會有點擔心？除了身體的不適、治療效果的未知、醫療費用的準備等，當然還有長期無法工作的經濟壓力，所以保額一樣從你的責任與期望來思考準備。

2. 保額用你實際的生活經驗來推算

假設家中有需要請看護照顧的家人，那你一定比誰都清楚長期照顧險要保多少額度才夠用！你可能會因為保費壓力而壓縮自己的期望，這時你可以先求有、再求好，或是用定期險來補終身險的不足，也能得到用小保費換大保障的效果。

3. **保單推陳出新，永無止境，切忌不斷變動舊保單**

不同時空背景之下，保險總會一直變動，停賣之後，又有新商品推出，所以千萬不要只看網路資訊或媒體訊息就買保單（包含我書中建議的觀點，你也一樣需要評估思考），因為沒有經過詳盡討論的保險規劃，很容易斷章取義，也可能在沒有徹底討論的情況下，讓你總是覺得好像應該解掉舊保單來買新的。

關於意外險

- **大意外：身故、失能、重大燒燙傷**

突發事故造成的重大問題，透過保費便宜的定期意外險就可以解決。

一個 200 萬的意外保障，一天不用 10 元就買得到，身為家中經濟支柱的你，一定要有一份意外險。

- **中意外：意外骨折、意外住院**

意外造成的骨折或住院，可能天數不多，但通常需要一段時間休養，這類意外險也有損害填補的功能，例如，

我有客戶因為在工地摔傷，造成腿部骨折，一休息就是半年，完全沒有收入，幸好有保險幫忙補貼。如果你的工作危險等級較高、通勤時間較長，可以做這類加強型的意外險種。

- **小意外：發生意外，實支實付**

  相對於醫療實支實付需要以住院手術為前提才能理賠，意外實支實付只要符合「突發、外來、非疾病」即可申請。主要用來補貼必要的治療費。

 理債，財會來TIPS

黑媽的意外險建議：

1. 不要忽視大意外造成的後遺症：

一天不到 10 元的意外險保費，你可能還是不想花，覺得自己意外走了就算了，並沒有要留錢給什麼人！但其實保這類意外險的重要功能，是怕該走沒走而產生的後續長期醫療照顧費用，事實上，有的意外險本身就有失能扶助及重大燒燙傷的附加功能。試想，萬一有一天不小心發生重大事故，結果造成無法正常工作，又需要長久的龐大開

銷，這筆後續費用，有可能 1 天 10 元就搞定嗎？保險就是繳功德金保平安，我們都不會希望自己用到，別嫌基本且必要的保險浪費錢。

2. **善用公司團險，提高意外險保障：**

你就職的公司如果有幫你投保團體保險，那麼記得可以了解一下，有什麼保障內容、是否可做自費加保？雖然是在職人士才能享有的保險福利，但這是提高保險額度非常節省成本的方式之一。不過，也不能因為有了團險就不保個人險，因為離職後就沒保障了，而你可能會因此沒注意到！

最後，關於保險應該怎麼保，要記得一件事，你決定買下去，一定有當初的原因與理由，不要因為現在的自己一時忘記，就否定過去買的保單；尤其是終身型的險種，更別忘記提高額度可以，但解掉再買的最大成本，就是一去不復返的時間。

即使想要調整定期險，也要注意醫療等待期的問題，一般保險公司為了避免帶病投保，推出的醫療險種大都有生效 30 天或 90 天之後才能啟動的理賠機制，所以正常程序應該

要先買新保單，並確定已過了等待期，再把舊保單解掉，而不是急著舊換新，否則可能因為轉換過程的疏忽與空窗期，把風險又全轉回到自己身上。

 理債，財會來TIPS

買保險最重要的是有個能夠為你即時解決問題的業務員。

身後事規劃

　　每當樂透彩累積高額彩金時，或多或少會點燃我們的發財夢，有些人在這時會開始和家人朋友一起集資買彩券，然後在茶餘飯後討論，萬一中獎了，錢要怎麼分配。

　　為什麼明明還沒中獎，我們就興沖沖開始思考怎麼規劃？因為如果真的中了，一定會有好一段時間在心情上和生活上對我們造成巨大影響，到手的錢要怎麼花，當然得好好安排。

　　我從事保險服務多年，深深體悟到死亡就如同樂透一樣，而且還是人人會中，只差在先後順序而已；機率雖小，但影響深遠，又是人生必經過程，這樣一想，是不是更該找時間和你的家人好好討論規劃？

　　由於我自己曾經因為上一代的變故，一夕之間從富裕變貧窮，深深覺得身後事非常值得討論！除了感性層面有很多事可以提前準備，理性層面的資產和負債如何處理，更是每個人都應該知道的基本常識。

在傳統觀念裡，似乎高資產族群才會做資產傳承或遺囑的安排，錢太多的人才要思考該生前贈與還是死後繼承，但以現階段的台灣家庭人口結構來說，少子又高齡，夫妻財務各自管理的情況非常普遍，也有越來越多經濟自主的獨身貴族……萬一哪一天發生事故，手忙腳亂，措手不及是常有的事；若再遇上較為複雜的資產或負債問題，留下來的親友有能力可以面對處理、不造成金錢紛爭嗎？

身後事如果沒有事先規劃，基本上就是依繼承順位分配，但你知道嗎？台灣的法律有不只一套的繼承順位，一個是民法，一個是勞基法，就連強制險也有另一套請領順序！當然，你更該知道保險法可以指定受益人的權益。簡單來說，不同的資產可能因適用的法規而有不同的分配結果，不同的家庭結構也會衍生出錯綜複雜的繼承問題。

如圖 4-11 所示，假設一對沒生小孩的夫妻，老公在上下班途中不幸因為車禍身故，不只留下老婆，還留下同住的父母，那麼遺產可能依下列不同的法規來分配：

1. **一般資產**：根據民法，配偶與父母均分。
2. **勞保（職災）、團保**：根據勞動基準法，配偶一人獨有。

3. 強制險：根據強制汽車責任保險法，配偶與父母均分。

如果家庭結構再加上子女，就又是不同的分配。

你的資產是不是真能照顧到你想照顧的人？你的負債又會不會拖累到你所愛的人？這些讓人擔心又放不下的責任，就是你我需要花時間思考執行的大工程。

【圖 4-11：繼承順位】

民法繼承順位：	勞基法繼承順位：	強制險繼承順位：
當然繼承人：配偶	1 配偶及子女	1 父母、配偶及子女
1 直系血親卑親屬	2 父母	2 祖父母
2 父母	3 祖父母	3 孫子女
3 兄弟姐妹	4 孫子女	4 兄弟姐妹
4 祖父母	5 兄弟姐妹	
適用範圍：	**適用範圍：**	**適用範圍：**
• 一般資產	• 勞保（職災）	• 強制險求償
• 保單未指定受益	• 勞退	
	• 團保未指定受益	

如果你是被留下來處理後事的人

假設你是被留下來處理後事的人,該如何處理遺產或遺債問題?

- **資產負債查詢管道:2020 年 7 月起,國稅局一站搞定**

  如果你的親人過世了,關於如何查詢遺產或遺債,現在不需四處奔波,就可以一站查詢!包括存款、基金、上市櫃及興櫃有價證券、短期票券、人身保險、期貨、保管箱、貸款、卡債等,只要檢附申請人身分證明文件、被繼承人(就是身故的人)死亡證明文件,與被繼承人關係證明文件等,即可就近向任一國稅局提出申請查詢。以往查債務要跑聯徵中心、查保險要找壽險公會,親人可能還有資產藏在不知道的地方,現在透過這項服務就可以清楚知道該找哪個金融機構,減少繁瑣往復查詢的時間。

- **如果繼承負債:**

  請盡速於三個月內向法院聲請限定繼承或拋棄繼承。且所有法定繼承人皆需辦理。也請留意,限定繼承仍需記

得向法院陳報遺產清冊，進行遺產清算，並於六個月內申報遺產稅。千萬不能以爲限定繼承就不會有債務上門，如果確定繼承債務的機率比較高，那還是建議拋棄繼承最能無後顧之憂。

- **如果繼承資產：**

確認法定繼承順位，通知相關繼承人。也要記得辦理被繼承人原爲要保人或受益人之保單變更。

也需留意，遺產免稅額雖爲 1,200 萬，即使免稅，仍要申報。親屬過世後六個月內都可以辦理遺產稅申報，最多可以展延三個月。若一次要繳納一大筆現金稅金有困難的人，可以了解如何以實物抵繳。

- **關於社會保險權益：**

如果逝世親屬有工作，可申請勞保死亡給付，並將勞退帳戶結清。如果沒工作或工作沒勞保，但有保國民年金，可申請國保死亡給付。

如何提前預備好自己的身後事？

天有不測風雲，人有旦夕禍福，爲了讓家人能在事故發

生後，能用最有效率的方式迅速處理好後事，用開放的心態面對，你可以把下列的功課，都收在一份資料夾裡，以及電腦上的數位檔案，定期做更新準備，並交代給最有可能處理你身後事的親屬或協辦律師：

1. 至少每年編列一次資產負債表、保單明細表，參見本書第二部的範例。
2. 不動產、靈骨塔、生前契約等所有權狀。
3. 存摺、印鑑、網路銀行帳密、保管箱密碼等財物資料。可以放在資料夾或電腦檔案。
4. 留下了解你保單的保險業務員連絡方式。
5. 善用保險的指定受益人功能，避免繼承紛爭。
6. 若個人資產負債較為複雜，則應另立遺囑或信託，委由律師處理。
7. 準備一張滿意的大頭照，個人獨照也可以。能以你自己希望的樣子向仍在世的親友道別。

　　我自己這幾年陸續完成的準備有：把壽險額度提高到足夠清償房貸、住院日額提高到一天賠 1 萬、長期照顧險一個

月賠 5 萬。萬一走了，至少兩個孩子不用擔心沒地方住；萬一病了，至少生活開銷有著落；萬一癱了，可以靠保險幫我請看護。我也順便把塔位都準備好了，就在我先生隔壁的位置，以後小孩來看我們比較方便。我還沒認真找生前契約，因為覺得後事可以一切從簡。其他投資理財，就只能看我接下來這些年的個人造化，努力邊學邊累積，期許自己的實驗結果在未來退休的那一刻符合個人預期。

至於前述的 7 項準備，我也一直都在摸索，畢竟想說的話、想做的事很多，身後事感覺永遠也交代不完。

除此之外，我也還有一個夢想，希望能把我想傳達給孩子的價值觀和情感，用不只一張紙，也用更生活化的方式好好記錄下來；我貪心地想做很多事，希望我還有足夠的時間，把這一切準備得更完備。

這些，就是我想到可以自己提早準備的具體方法，當那一天真的來到時，你將不帶給家人任何麻煩。

理債，財會來TIPS

找 2 個好朋友一起討論身後事準備吧！

這會讓我們更無後顧之憂的過好每一天。

結語

面對未來的變化，從容不迫

財務規劃是需要不斷檢視、不斷調整、不斷修正的過程。

不確定未來會變得如何，其實是源自於我們對自己現在的狀況感到憂心，你可能目前還是對於怎麼開始調整收支、處理債務、規劃未來財務目標，都有深深的不確定感；但這真的是一個不斷檢視、調整、修正的循環過程。

最終的目標，大家都說要追求財務自由，但你真正想過什麼才是財務自由嗎？

我認為，**所謂的財務自由，是要面對未來的變化從容不迫、不慌不亂，是有能力在你的價值觀裡花你覺得該花的錢，是在你人生每個階段都能擔起該承擔的責任，是用金錢的自律幫你換得更多生活上的自由。**

你才是自己人生路上的專家，希望這些整理出來的建議，能夠協助你披荊斬棘，更快找到專屬於你的理財理債方法，早日獲得財務和心靈上的自由。

國家圖書館出版品預行編目資料

從扛債人生走向財務自由：5年清掉5千萬債務的3步驟優化理財術 /
王姵文（黑媽）作. -- 初版.-- 臺北市：方智, 2020.11
224 面；14.8×20.8公分 --（生涯智庫；186）

ISBN 978-986-175-570-0（平裝）
1. 個人理財　2. 借貸
563　　　　　　　　　　　　　　　　　　　109014863

www.booklife.com.tw　　　　　　　　reader@mail.eurasian.com.tw

生涯智庫　186

從扛債人生走向財務自由：

5年清掉5千萬債務的3步驟優化理財術

作　　　者／王姵文（黑媽）
發 行 人／簡志忠
出 版 者／方智出版社股份有限公司
地　　　址／台北市南京東路四段50號6樓之1
電　　　話／（02）2579-6600 · 2579-8800 · 2570-3939
傳　　　真／（02）2579-0338 · 2577-3220 · 2570-3636
總 編 輯／陳秋月
副總編輯／賴良珠
主　　　編／黃淑雲
專案企畫／沈蕙婷
責任編輯／陳孟君
校　　　對／溫芳蘭 · 陳孟君
美術編輯／李家宜
行銷企畫／詹怡慧 · 黃惟儂
印務統籌／劉鳳剛 · 高榮祥
監　　　印／高榮祥
排　　　版／莊寶鈴
經 銷 商／叩應股份有限公司
郵撥帳號／18707239
法律顧問／圓神出版事業機構法律顧問　蕭雄淋律師
印　　　刷／祥峰印刷廠
2020 年 11 月　初版
2022 年 9 月　2 刷

定價 310 元　　　　ISBN 978-986-175-570-0